나폴레온 힐 당신은 반드시 부자가 될 것이다

NAPOLEON HILL'S A YEAR OF GROWING RICH

나폴레온 힐
당신은 반드시 부자가 될 것이다

전 세계 최고의 부자들을 탄생시킨 부와 성공의 비밀

나폴레온 힐 지음 | 김현정 옮김

ORNADO
토네이도

평생 꺼지지 않는 부의 연료

1950년대와 60년대에 걸쳐 10년 동안 나는 운 좋게도 나폴레온 힐의 총괄 관리자로 일했다. 우리가 함께 일하며 진행한 강연과 책, 영상, 개인적인 상담은 대부분 만족스럽고 효과적이며 때로는 놀라운 결과를 만들어냈다. 힐 박사와 나는 수천 명의 사람들이 인생의 진정한 부를 일구고 상당한 경제적 성공을 이룰 수 있도록 자기 자신과 다른 사람들을 위해 동기를 부여하는 법을 가르쳤다.

그러나 많은 이들이 그 원리는 배웠으나 이를 실천하는 습관은 만들지 못했다는 것을 곧 알게 되었다. 이들은 점점 영감을 잃고 나중에는 더 이상 시도하지 않았다. 그래서 우리는 동기 부여(행동하도록 영감을 주는 것)는 불과 같다는 것을 알게 됐다. 즉 계속해서 연료를 채우지 않으면 그 불꽃은 꺼지고 마는 것이다.

동기 부여라는 불꽃이 계속 활활 타오르도록 힐 박사와 나는 〈석세스 언리미티드Success Unlimited〉라는 잡지를 창간했다. 영감을 주는 글들을 통해 우리는 성공하려는 의욕을 지닌 이들이 더 높은 성취를 이룰 수 있도록 무한한 연료를 공급했다. 그성과는 놀라웠다. 수천 명의 구독자가 혁신적인 아이디어를 지닌 작은 잡지를 통해 지속적으로 열정을 불태웠던 것이다.

이 책에 실린 글들은 〈석세스 언리미티드〉에 처음 소개된 것이다. 힐 박사의 글들이 지속적으로 인기를 얻자 나폴레온 힐 재단에서 그의 가장 유명한 글들을 추려서 모았다. 그의 베스트셀러인 《생각하라 그리고 부자가 되어라Think and Grow Rich》와 같이, 여기에 실린 글들은 각각 흥미로운 내용뿐만 아니라 독자들을 위한 특별한 메시지를 담고 있다. 마음의 무한한 힘을 개발할 수 있도록 자극을 주자는 것이 그 기획 의도이다.

이 책을 읽는 것만으로 행복과 건강, 힘, 부를 얻을 수는 없다. 그러나 당신이 원한다면, 새로운 아이디어를 떠올리고 목표에 집중하는 데 이 책이 도움이 될 것이다. 이전에는 잘 보이지 않았던 새로운 기회를 알아보게 될 것이다. 무엇보다도 직접 행동에 나서서 목표를 밀어붙이게 될 것이다.

당신은 건강과 행복을 얻을 수 있다. 부유해질 수도 있다. 당신 안에는 이미 무한한 힘이 자리하고 있다. 그러나 인생의 진정한 부를 얻기 위해 이 책에서 설명한 성공 원칙을 꺼내 쓰려면 대가를 치를 각오가 되어 있는지 판단해야 한다. 선택은 당신만이 할 수 있다.

이 책에 담긴 원칙들을 발견하고 이를 활용할 준비가 되었다면, 당신이 이루려는 목표를 정확히 결정하면 된다. 구체적인 목적과 함께 이를 위한 중단기의 목표가 함께 있다면, 당신은 이를 이루는 데 도움이 되는 원칙과 기술을 인식하고, 서로 연결하며, 적용할 가능성이 훨씬 더 높다.

그 효과에 대해서는 어느 정도 확신을 갖고 말할 수 있다. 그런 원칙과 기술을 실천하여 나는 단돈 100달러로 보험사를 창업해 에이온AON 보험중개사의 이사회 의장까지 오를 수 있었다. 이제 에이온은 4개 대륙에서 활동하는 수십억 달러 규모의 기업으로 성장했다. 수천 명의 영업 사원들과 사무 직원들, 주주들은 오늘날 상위 소득층에 속한다. 다들 힐 박사의 원칙을 실천하는 사람들이다.

시카고 보이즈 클럽Chicago Boys Clubs 회장으로 있는 동안 나는 빈민가 청년들이 이러한 성공 철학에 담긴 심오한 진실을 활용해 더 나은 삶을 살아가는 것을 보았다. 그리고 수감 생활 중 책과 잡지를 통해 힐 박사의 글을 접한 재소자들의 재범률이 줄어드는 것도 보았다. 이 원칙들은 시대를 초월한다. 〈석세스 언리미티드〉에 처음 실렸을 때와 마찬가지로 이 글들은 오늘날도 여전히 유효하다.

나는 언제나 나 자신과 다른 사람들의 일을 동일한 잣대로 평가하는 훈련을 해왔다. 중요한 것은 결과이기 때문이다. 나 자신의 경험을 비롯해 나에게 편지를 보내온 전 세계 수천 명의 독자들의 경험으로부터 알게 된 것이 있다면, 바로 나폴레온 힐의 글은 목표를 이루고자 하는 진정한 열망을 가진 사람들에게 행복과 건강, 힘과 부를 가져다준다는 것이다.

여기에 실린 주옥같은 글들은 당신에게도 똑같은 결과를 가져다줄 수 있다. 나폴레온 힐이 제시한 원칙을 따른다면 이미 수천만 독자들이 그랬듯이, 당신도 한계란 오직 마음속에 스스로 정한 것밖에 존재하지 않는다는 사실을 깨닫게 될 것이다.

W. 클레멘트 스톤
나폴레온 힐 재단 이사회 전 의장

차례

추천의 글 - 평생 꺼지지 않는 부의 연료　　　　　　　　　4

여는 글 - 모든 일은 당신에게 달려 있다　　　　　　　　12

이 책을 읽기 전에 - 부자가 되기로 마음먹었다면　　　　16

PART 1

어쩌다 부자가 되는 사람은 없다

1　먼저 확고한 목표를 정하라　　　　　　　　　　　　23

2　자기 마음의 지배권을 가진 자　　　　　　　　　　　27

3　스스로 동기 부여를 하라　　　　　　　　　　　　　32

4　누군가는 성공하고 누군가는 실패하는 이유　　　　　36

5　강인함은 고난에서 나온다　　　　　　　　　　　　　40

6　자신의 진정성을 보여줘라　　　　　　　　　　　　　44

7　희망의 불씨를 품어라　　　　　　　　　　　　　　　48

8　인내로 긍정 에너지를 만들라　　　　　　　　　　　52

9　유연함은 부유함에 광채를 더한다　　　　　　　　　56

10　열정 없이 이루어지는 일은 없다　　　　　　　　　59

11　인간적인 매력을 발산하라　　　　　　　　　　　　64

12　잠재의식으로 자신감을 키워라　　　　　　　　　　67

13　유머로 장애물을 넘다　　　　　　　　　　　　　　71

PART 2

성공은 내 안에서 시작된다

14 쇼맨십이 부족하진 않은가   77

15 목표를 이루는 성공 공식   81

16 자기 주도성을 활용하라   85

17 어떻게 자신의 능력을 보일 것인가   89

18 경영자의 시각으로 바라보다   93

19 더 높은 위치에 오를 자격   98

20 다른 사람들의 문제에 관심을 가져라   101

21 영감을 주는 일에 대한 보상   105

22 그가 나의 성공을 돕도록 하라   109

23 최고의 자산을 구하라   112

24 좋은 팀워크는 모두를 성공으로 이끈다   116

25 겸손함은 패배를 축복으로 바꾼다   120

26 먼저 스스로에게 확신을 가져라   124

PART 3

성공은 더 큰 성공을 끌어당긴다

27 정신 차리고 긍정적인 자신을 마주하라   131

28 당신은 마음먹은 대로 해낼 수 있다   135

29 성공과 끌어당김의 법칙   138

30 미래를 두려워하지 않는 마음   141

31 마음가짐을 통제하라   145

32 걸림돌을 디딤돌로 삼으라   149

33 습관의 힘에 맡겨라   153

34 정확히 사고하라   157

35 육감을 활용해본 적이 있는가   161

36 한 가지 목표에 자신을 쏟아부으라   165

37 편견의 창살을 치워라   168

38 실패를 축복으로 바꾸는 힘   171

39 패배에서 배워라   175

PART 4

당신은 반드시 부자가 될 것이다

40 두려움을 응시하는 힘   183

41 한 걸음만 더 나아가라   186

42 자녀를 성공으로 이끄는 지혜   190

43 슬픔을 승리의 씨앗으로 사용하라   194

44 지금 당장 거울 속 자신을 보라   197

45 그는 당신에게 상처를 줄 수 없다   201

46 자기 안의 무한한 힘을 사용하라   205

47 감사는 가장 좋은 투자이다   209

48 마음의 평화를 얻는 첫걸음   213

49 행복한 마을에 사는 사람   217

50 충분하다는 것은 무엇인가   220

51 성공을 위한 체크리스트   224

52 믿는 대로 행동하는 삶   227

모든 일은 당신에게 달려 있다

이 책은 개인의 경제적인 성취와 삶의 만족도를 높일 수 있도록 일 년간 일주일에 하나의 장을 읽고 배우는 방식으로 구성되었다. 짧은 분량으로 내용을 천천히 읽어나가길 권한다. 다양한 메시지를 통해 배우고 영감을 얻을 수 있을 것이다.

이 중에는 특별히 의미가 크게 와닿는 내용도 있을 것이다. 이는 각자가 처한 상황과 바람에 따라 다를 수 있다. 나의 경우 16장의 내용이 진정한 성공을 이루지 못하는 이유를 상기시키며 말 그대로 눈을 번쩍 뜨이게 해주었다.

남들보다 더 돋보이려면 자기 주도성을 지니는 것이 무척 중요하다. 자기 주도성이란 다른 사람이 시키지 않아도 해야 할 일을 적극적으로 하는 것을 말한다. 나폴레온 힐은 자신이 발간한 잡지에 기고한 글을 통해 자기 주도성이 한 젊은 청년에게 어떻게 도움이 됐는지 보여주었다. 그 청년은 바로 나폴레온 힐 자신이었다.

나는 그가 강조하는 자기 주도성 부분에 마음이 끌렸다. 16장에서 말하는 그 이익이 무엇인지 알았기 때문이다. 금융계에서 38년간의 세월을 걸어온 나는 41세에 은행 행장이자 CEO가 되었다. 나폴레온 힐 재단의 상임 이사로 활동하며 나폴레온 힐의 저서와 성공학을 전 세계에 널리 알리는 일을 맡고 있는 지금도 내 책상에는 자기 주도성을 일깨우는 표어가 놓여 있다. 바로 **"그 일이 되고 안 되고는 나에게 달려 있다"**는 말이다.

이 책은 바로 인생의 목표를 달성하도록 이끌어주는 내용들을 담고 있다. 어느 대목은 딱히 와닿지 않을 수도 있다. 어떤 부분은 더 쉽게 느껴질 수도 있고, 어떤 부분은 더 어렵고 더 많은 집중력과 노력이 필요할 수도 있다.

38장에서 이야기하는 실패의 축복에서는 최대 성과를 얻으려면 더 많은 도전이 필요하다고 말한다. 예를 들어, 실패를 바라보는 관점에 따라 성공한 인생이 되느냐 아니면 실패를 탓하는 불평꾼이 되느냐로 갈리기 때문이다. 실패를 배움의 기회로 받아들여야 한다. 또한 성공하고 싶다면 집요함을 길러야 한다. 이 책과 함께 어려움을 극복한 위대한 인물들의 전기를 읽어라. 에이브러햄 링컨Abraham Lincoln, 부커 워싱턴Booker Washing-ton(1800년대 중반 흑인 차별이 여전히 존재했던 시대에 흑인의 투쟁을 대변했던 지도자), 윌마 루돌프Wilma Rudolph(소아마비를 극복하고 올림픽 3관왕에 올랐던 미국 흑인 여성 육상선수)는 보통 사람이라면 바로 포기했을 법한 역경을 극복하고 성공한 위대한 인물의 본보기가 되어 준다.

'습관의 힘에 맡기라'는 33장의 내용을 특히 눈여겨보길 바란다. 우리는 습관에 지배된다. 우리가 습관을 만들면 그 습관이 다시 우리를 만든다는 말이 있다. 습관은 반복적인 선택으로 만들어지며, 그렇게 만들어진 습관이 우리 자신의 일부로 자리 잡으면 어느 정도 자동으로 하게 되어 있다. 별 생각 없이 하는 것이다.

이 책을 다 읽고 나면 처음으로 돌아가서 각 메시지에 따라 자신을 평가해보라. 어느 정도 발전했다는 사실에 기쁘면서도 또 한편으로는 성공으로 나아가기 위해서는 더 많이 배우고 실천해야 한다는 생각도 들 것이다.

기억하라. 이 책을 읽고 연구하고 실천하다 보면 거울 속 자신의 모습을 보며 깨닫게 될 것이다. 은행 계좌에 쌓인 돈처럼 이 책은 평생에 걸쳐 큰 이득을 가져다줄 것이다.

돈 M. 그린

나폴레온 힐 재단 상임 이사

부자가 되기로 마음먹었다면

나폴레온 힐의 글을 엄선해 묶은 이 책은 개인적, 경제적 성공을 위한 노력에 한층 박차를 가할 수 있도록 일주일 단위 강좌로 짜여졌다. W. 클레멘트 스톤의 통찰력 돋보이는 말처럼 동기 부여는 계속 타오르도록 끊임없이 연료를 공급해야 하는 불과 같은 것이다.

이 책에는 일 년간 매주 한 개씩 읽을 수 있도록 52개의 글이 실려 있다. 매주 일정한 시각에 매일 그 주의 강의를 읽어라. 나폴레온 힐의 조언에 함축된 의미를 곱씹어볼 기회가 될 것이다. 긴 글은 없다. 이해하기 어려운 글도 없다. 그러나 실천하기는 어렵다. 이 책을 편집하고 그 내용을 반복해서 읽어

본 후에도 나는 여전히 읽을 때마다 새롭게 영감을 받는다.

지난주 이 책을 편집하면서 나는 30장을 다시 읽고는 가능성이 낮다고 생각해 제쳐놓았던 프로젝트가 생각났다. 나는 용기를 내서 그날 저녁 다시 프로젝트를 시작했고 아침에는 제안서 작성까지 마쳤다. 일주일 만에 나는 기대보다 20퍼센트나 높은 가격으로 해당 프로젝트를 수주할 수 있었다. 한 번 더 읽었더라면 아마 훨씬 더 잘했을 것이라 확신한다.

글을 읽을 때마다 그처럼 즉각적인 이득을 얻을 수는 없다. '행복한 마을에 사는 사람'에 관한 글은 이번 주뿐만 아니라 몇 년 뒤에 읽어도 도움이 되는 메시지가 담겨 있으며, 그 의미는 점점 더 분명해질 것이다. 그에 비해 쇼맨십에 관한 장은 이 책을 내려놓자마자 행동에 옮길 수 있는 구체적인 요령을 몇 가지 알려줄 것이다.

읽는 사람에 따라 특별히 더 명료하게 와닿는 글을 발견할 수도 있다. 며칠 또는 몇 주 동안 그 글에 대해 생각해보라. 이 책은 빨리 읽는 게 중요한 것이 아니다. 기계적으로 읽기보다는 자신에게 맞는 진도를 따라야 한다.

그러나 처음 글을 읽었을 때 유용하다는 생각이 들지 않는다고 다음 장으로 바로 넘어가지 않길 바란다. 메시지를 알아

채기 힘들 수도 있고 마음에서 받아들이기 힘든 상태일 수도 있다. 시간을 들여 각각의 글에 대해 충분히 생각해보라. 수많은 지면에서 이 책에 실을 글을 추려내면서 가장 어려웠던 부분은 바로 내가 제쳐놓은 글을 볼 때마다 새로운 통찰과 메시지를 얻는다는 점이었다. 그런 의미에서 이 책을 다 읽은 후에 다시 한 번 읽어보길 권한다. 이 글들을 다시 마주할 때쯤이면 당신은 훨씬 더 성장해 있을 것이다.

매일 밤 몇 백 단어로 된 똑같은 글을 다시 읽기가 단조롭게 느껴진다면 새로운 기분으로 읽을 수 있는 몇 가지 요령을 소개한다.

- 글이 전하는 메시지에 당신 자신과 맡은 일과를 대입하라. 예를 들어 5장에서 '고난을 만나면 이를 정복하라'는 지시 사항을 읽을 때 당신의 인생을 생각해보고 당신이 직면한 고난을 파악하라.
- 글을 큰 소리로 읽어라. 메시지를 실제 육성으로 들으면 그 의미를 훨씬 더 잘 느낄 수 있다.
- 파트너와 함께 하라. 배우자는 훌륭한 파트너지만 사무실 동료나 카풀 멤버, 또는 종종 전화로 연락하는 친구도 훌륭한 파트

너가 될 수 있다. 각자 어떻게 받아들이는지를 함께 이야기하거나 앞에서 제안한 내용과 이 팁을 함께 활용해 서로에게 글을 읽어줘라.

- 글의 내용을 적어보라. 처음에는 쓰는 행위 자체를 더 의식할 수도 있지만, 점차 예전에 놓치고 지나간 부분들을 발견하게 될 것이다. 또한 나폴레온 힐이 말한 내용을 당신의 목표에 맞게 어떻게 재구성해왔는지도 알 수 있다. 한 단어 한 단어 써나가다 보면 의미가 선명하게 드러나고 있음을 알게 될 것이다.

숙제를 받아 든 것 같은 기분은 접어둬라. 이 책을 읽고 당신이 받는 점수는 당신 스스로 매긴 점수뿐이다. 그러나 중학교 영어 수업과 달리 이 책에서 당신이 받는 점수는 앞으로 1년, 5년, 10년, 50년간 계속 중요한 의미로 남을 것이다. 지금 당장 마음을 굳세 먹고 이 책을 성취의 도구로 삼는다면 목표가 손 안에 있을 것이다.

매튜 사트웰

PART 1

어쩌다 부자가 되는
사람은 없다

먼저 확고한 목표를 정하라

미래학자나 점쟁이만 누군가의 미래를 예측할 수 있는 것은 아니다. 미래를 예측하기 위해서는 간단한 질문 하나면 충분하다. "인생에서 한 가지 명확한 목표는 무엇이며, 그 목표를 딜성하기 위해 어떤 계획을 세웠는가?"

100명 중 98명은 "가능한 한 풍족하고 성공한 삶을 살고 싶다"라고 답할 것이다. 이러한 목표는 얼핏 들으면 그럴듯한 말 같지만, 잘 들여다보면 진정한 성공과는 거리가 멀다. 이는 인생에서 어떤 성취도 이루지 못하며 기껏해야 성공한 사람들이

흘리는 부스러기를 취하는 떠돌이의 모습이다. 진정한 성공을 이룬 사람들은 명확한 목표와 이를 달성하기 위한 계획을 세운다. 성공하려면 바로 지금 자신의 목표가 무엇인지 정확히 판단하고, 이를 달성하기 위한 단계를 차근차근 계획해야 한다.

몇 년 전, 나는 텍사스주 댈러스에 사는 스튜어트 오스틴 위어Stuart Austin Wier라는 사람과 일한 적이 있다. 그는 내가 편집자로 있었던 잡지에 글을 기고하면서 근근이 살아가고 있었다. 어느 발명가에 대한 글을 쓰다가 불현듯 영감을 받지 않았더라면 그는 여전히 가난한 작가로 남아 있을 것이다.

그가 특허 변호사가 되기 위해 언론계를 떠나 법대에 진학하겠다고 하자, 그를 아는 사람들은 모두 깜짝 놀랐다. 그의 꿈은 평범한 특허 변호사가 아니었다. 그는 미국 최고의 특허 변호사가 되겠다고 결심했다. 불타는 열의를 가지고 그는 최단기간에 법대를 졸업하면서 자신의 계획을 실행에 옮겼다.

특허 변호사가 된 그는 일부러 아주 까다로운 사건들을 맡았다. 순식간에 그의 명성은 전국으로 퍼졌고, 천문학적 수준의 수임료에도 불구하고 의뢰가 급증하여 수임한 사건보다 거절한 사건의 수가 훨씬 많을 정도가 되었다.

목표와 계획을 갖고 행동하는 사람은 기회를 끌어당기는 법이다. 스스로 무엇을 원하는지도 모르는데 삶이 어떻게 당신에게 기회를 열어줄 수 있겠는가? 스스로 목표 달성 방법조차 정하지 못했는데 어떻게 다른 이들이 당신의 성공을 도울 수 있겠는가? 명확한 목표가 있을 때 비로소 자신을 가로막는 좌절과 역경을 극복할 수 있다.

미국 초창기에 프랜차이즈 사업으로 엄청난 성공을 이룬 리 마란츠Lee Maranz는 자신이 무엇을 원하고 그것을 어떻게 얻을 수 있는지 아는 사람이었다. 기계 공학자였던 마란츠는 자동 아이스크림 제조기를 발명해 소프트 아이스크림을 만들었다. 그는 미국 전역에 아이스크림 체인점을 열겠다는 구상으로 실행 계획을 세웠다.

이후 그는 다른 많은 이들이 그랬듯이 타인의 성공을 도움으로써 자신의 성공을 이루어냈다. 그는 시공 및 설계 방안을 제시하며 다른 사람들이 아이스크림 가게를 차리도록 도왔는데, 당시로서는 혁명적인 아이디어였다. 그는 원가에 아이스크림 기계를 팔았고 아이스크림 믹스를 팔아 이윤을 남겼다. 그 결과는 어떠했을까? 마란츠가 꿈꾸던 전국적인 규모의 아이스크림 체인점이 탄생했다. 그는 이렇게 말했다.

"당신 자신과 당신이 하고 있는 일, 하고자 하는 일에 확신을 가지면, 어떠한 역경도 다 극복할 수 있다."

성공하고 싶다면, 오늘 당장 목적의식 없이 사는 습관을 버려야 한다. 자신의 명확한 목표를 정하고 종이에 적어라. 그리고 그것을 마음에 새겨라. 그런 다음 목표를 어떻게 달성할 것인지 정한 후 즉시 계획을 실행에 옮겨라.

당신의 미래는 당신이 만드는 것이다. 어떤 미래가 될지 지금 정하라.

자기 마음의 지배권을 가진 자

다른 사람들이 내 인생을 대신 살아줄 수 있을까? 설령 그렇다고 한들 우리는 그것으로 절대 마음의 평화를 얻을 수 없다.

인류에 대한 가장 심오한 사실은 **바로 창조주가 인간의 마음에 절대적인 불가침의 특권을 주었다는 것이다.** 창조주는 인간이 타인의 간섭을 받지 않은 채 자기만의 생각으로 각자 자신의 삶을 살게 하고 싶었던 것이 분명하다. 그렇지 않다면 우리가 이처럼 확실하게 자기 마음에 대한 지배권을 갖고 살 수는 없었을 것이다.

자신의 마음과 인생에 이 심오한 특권을 행사하는 것만으로도 어느 분야에서든 높은 수준의 성취를 끌어낼 수 있다. 이러한 특권의 행사는 천재성에 다가가는 유일하고도 진정한 방식이다. 천재는 자신을 방해하거나 호도하는 외부 영향에 휘둘리지 않고 자기 마음의 온전한 주인이 되어 스스로 선택한 목표를 향해 마음을 이끌어가는 사람이다.

우리는 다들 역경을 성공의 기회로 만들고, 엄청난 장애를 극복해 부와 명예를 얻은 유명인들의 이야기를 알고 있다. 이들은 걸림돌을 디딤돌로 바꾼 성공한 사람들이다. 업계마다 헨리 포드Henry Ford와 토머스 에디슨Thomas Edison, 앤드루 카네기Andrew Carnegie, 윌버 라이트Wilbur Wright와 오빌 라이트Orville Wright(라이트 형제)와 같은 천재적인 사람들이 존재한다.

그러나 패배를 받아들이려 하지 않는 사람들의 수가 훨씬 많다. 이들은 입에 풀칠을 하면서 고통과 낙담, 실패로 점철된 삶을 살아가는 다수에 속하길 거부할 뿐이다.

수년 전에 한 젊은 육군 참전용사가 일자리 때문에 나를 만나러 온 적이 있다. 그는 그동안 숱한 환멸과 좌절을 겪었다며, 그저 생활비와 잠잘 곳, 그리고 배를 채울 수만 있으면 된다고 했다.

그는 멍한 시선으로 희망이 사라진 것 같다고 말했다. 내가 보기에 이 유능한 젊은이는 태도만 바꾼다면 많은 돈을 벌 수 있었다. 하지만 그는 아무것도 아닌 것에 안주하려 했다.

그에게는 뭔가 특별한 데가 있었다. 내면에 숨은 불꽃을 보고 나는 그에게 물었다.

"백만장자가 되어 보면 어떻겠나? 아주 쉽게 수백만 달러를 벌 수 있는데 왜 궁핍한 삶에 만족하겠다는 건가?"

"농담하지 마십시오." 그가 대답했다. "저는 배가 고프고 일자리가 필요합니다."

"농담이 아닐세." 내가 대답했다. "나는 정말 진지하게 하는 얘길세. 자네가 가진 자산을 활용할 의지만 있다면 수백만 달러를 벌 수 있어."

"**자산**이라니, 무슨 말씀이십니까?" 그가 외쳤다. "제가 가진 거라곤 몸뚱이뿐인데요!"

대화가 이어지면서 나는 이 젊은이가 입대 전에 풀러 브러시Fuller Brush 영업사원으로 일한 적이 있다는 사실을 알게 됐다. 또 군에 복무할 때 상당 기간 취사병으로 일했기 때문에 요리도 꽤 할 줄 알았다. 다시 말해 건강한 신체와 긍정적인 마음가짐을 타고난 데다, 요리에 대한 재능과 물건을 파는 능력이 그에겐 큰 자산이었던 것이다.

물론 요리를 하든 물건을 팔든 백만장자까지 되는 경우는 거의 없지만, 이 참전용사는 보통 사람들과는 다른 데가 있었다. 그는 처음으로 자기 자신의 마음과, 그 마음을 다스림으로써 얻을 수 있는 가능성을 보게 되었다.

이 젊은이와 2시간 동안 대화하면서 나는 절망의 바다에서 허우적대던 그가 가능성을 생각하는 사람으로 바뀌는 것을 보았다. 그는 한 가지 강력한 아이디어에 주목했다.

"이웃들을 저녁식사 자리에 초대한 다음, 물건을 파는 당신의 재능을 살려 조리 도구들을 파는 건 어떤가?"

나는 그에게 옷가지와 조리 도구 한 벌을 장만할 수 있는 돈을 주어 보냈다. 판매를 시작한 첫 주에 그는 100달러에 달하는 알루미늄 조리 도구를 다 팔았다. 그다음 주에는 판매량이 두 배로 뛰었다. 그러자 그는 조리 도구를 판매할 영업사원들을 뽑아 교육하기 시작했다.

4년이 다 되어 갈 무렵 그는 연간 100만 달러 이상을 벌고 있었고 새로운 판매 계획에도 착수했다. 이후 그 계획은 그 자체로 하나의 산업으로 발전했다.

마음을 옭아매던 끈이 끊어지고 어떠한 제약도 없는 진정한 자아와 처음 대면할 때, 지옥의 문이 두려움으로 흔들리면서 천국의 종소리가 기쁨으로 울려 퍼지기를 바란다.

스스로 동기 부여를 하라

성공이 가져다주는 가장 큰 보상은 자기만족이다. 부의 축적이 성공의 유일한 척도라고 말하는 경우도 종종 있지만, 이는 **하나의** 척도일 뿐이다. 진정한 성공은 스스로 잘해냈다는 사실, 스스로 정한 목표를 성취했다는 사실을 아는 데서 오는 자기만족이 특징이다.

예를 들어 알베르트 아인슈타인Albert Einstein은 평생 엄청난 부를 얻은 적이 없었다. 그러나 그가 성공한 인생이 아니라고 누가 말할 수 있겠는가? 아인슈타인은 자신의 분야에서 최고의 위치에 올랐고 세상을 바꾸어 놓았다. 자신이 원하는 바를 알았고 이를 이루기 위한 계획이 있었기 때문이다.

어떻게 하면 성공을 위해 스스로 동기 부여를 할 수 있을까? 그 답은 아인슈타인을 비롯해 엄청난 성공을 거둔 사람들이 따른 방법을 그대로 따르는 것이다. 스스로 정한 원대한 목표에 도달하기 위한 일에 욕망을 불태우길 바란다. 어떤 일을 그저 바라기만 하는 것과 그것을 이루겠다고 결심하는 것은 완전히 다르다는 사실을 기억하라.

욕망이 불타오르면 강력한 목표를 세우면서 전에는 극복할 수 없을 것 같았던 장애물을 간단히 뛰어넘을 수 있다. **가능하다고 믿는 사람에게는 모든 것이 가능하다.**

스스로 인생의 명확한 목표를 세워라. 목표를 종이에 적어라. 그리고 마음에 새겨라. 모든 생각과 모든 에너지를 목표를 실현하는 데에 집중시켜라. 순간의 좌절로 길을 벗어나지 말고 그 안에서 목표 달성을 위해 제자리를 찾게끔 도와줄 동등한 이익의 씨앗을 찾아라.

헨리 포드가 최초로 자신의 '말 없는 마차'를 만들기 시작했을 때, 선견지명이 부족했던 사람들, 즉 그의 친척들과 이웃들은 대부분 그를 비웃었다. 그를 '미친 발명가'라고 부르는 사람도 있었다.

미쳤든 그렇지 않든 포드는 자신이 원하는 바를 알았고 이를 성취하려는 욕망에 불탔다. 또한 그는 어떠한 한계도 인정하지 않았다. 정규 교육을 받거나 정비공 훈련을 받지는 못했지만 그는 독학으로 공부했다. 인생의 목표를 달성하겠다는 굳은 의지를 지닌 사람을 막을 수 있는 것은 아무것도 없다.

포드는 미국의 얼굴을 바꾸어 놓았다. 그가 내놓은 대량생산 방식의 자동차는 보통의 가정에 주요 교통수단이 되면서 사람들은 미국 전역을 누빌 수 있게 되었다. 자동차를 중심으로 수많은 산업이 성장했다. 포드의 '틴 리지Tin Lizzie'(포드의 모델 T를 가리키는 별명)가 없었더라면 고속도로망(그에 따라 건설업도 일어났다)도 필요 없었을 것이고 휴게소와 패스트푸드 체인점, 모텔도 생기지 않았을 것이다.

또 다른 적절한 예로 필라델피아의 소매점 직원으로 사회생활을 시작한 존 워너메이커John Wanamaker가 있다. 그는 처음부터 자신도 언젠가는 이러한 매장을 갖겠노라고 마음먹었다. 그가 이런 결심을 이야기하자 매장 주인은 한바탕 웃더니 말했다. "이보게 존, 자네는 옷 한 벌 새로 살 돈도 없잖은가?"

"없습니다." 워너메이커가 말했다. "그렇지만 이런 상점, 아니 더 좋은 상점을 열 겁니다. 그리고 소유주가 될 거고요." 전성기 때 워너메이커는 미국 역사상 최대 규모의 유통업체를 소유했다.

"저는 학교 교육을 거의 못 받았습니다. 그렇지만 기관차가 물을 공급받듯이 필요한 교육을 받았습니다. 달리면서 지식을 쓸어 담은 셈이죠." 워너메이커는 수년 뒤 이렇게 말했다.

마음으로 상상하고 믿을 수 있는 것이라면 무엇이든 성취할 수 있다는 것을 기억하라. 성공하겠다고 마음먹은 사람은 현재 서 있는 위치에서 최선을 다하고 그 과정에서 필요한 것을 얻는다. 지금 그 자리에서 시작하라. 지금 당장.

누군가는 성공하고 누군가는 실패하는 이유

왜 누군가는 성공하고 누군가는 실패하는 것일까? 이 문제는 인간이 동굴 속에 만족하지 못하고 더욱 안락하게 살 수 있는 방법을 찾아 나선 이래 사람들을 혼란스럽게 만들었다. 이제 실패하는 사람과 성공하는 사람의 특징을 비교해보면 아마 이 문제에 대한 답을 얻는 데 도움이 될 것이다.

성공하는 사람은 정확히 자신이 무엇을 원하는지 알고 이를 이루기 위한 계획이 있다. 또한 자신의 능력을 믿으며 목표 달성에 대부분의 시간을 할애한다. 하지만 실패하는 사람은 인생에 명확한 목표가 없고 모든 성공은 운이 따른 결과라 믿으며 어쩔 수 없이 그렇게 해야 할 때만 나선다.

성공하는 사람은 자신의 목적을 위해 우호적인 마음으로 다른 사람과의 협력을 이끌어내는 노련한 영업 사원과 같다. 반면에 실패하는 사람은 타인의 결점을 찾는다. 또 굳이 자신의 비판적인 태도를 드러내려 한다.

성공하는 사람은 말하기 전에 생각한다. 할 말을 신중하게 고르는 것이다. 상대방에 대해 자신이 좋아하는 면을 강조하면서, 좋아하지 않는 면은 최소화하거나 아예 언급 자체를 하지 않는다. 반면에 성공하지 못하는 사람은 정반대로 행동한다. 말부터 하고 생각은 나중에 하는 것이다. 성급한 말로 후회와 부끄러움만 남기면서 타인의 적의를 불러일으켜, 이익을 얻을 기회를 영영 잃고 만다.

또한 성공하는 사람은 먼저 내용을 제대로 파악한 다음 현명한 답을 내놓을 수 있게 된 후에야 비로소 의견을 말한다. 실패하는 사람은 잘 모르는 주제에 대해서도 자신의 의견을 서슴없이 말한다.

성공하는 사람은 시간과 지출을 계획적으로 관리하며, 자신의 소득 수준에 맞게 산다. 실패하는 사람은 시간과 돈의 가치는 아랑곳하지 않고 마구 써버린다.

성공하는 사람은 다른 사람들, 특히 공통점이 있는 사람들에게 깊은 관심을 보이며 이들과 우정 어린 유대를 쌓아 나간다. 실패하는 사람은 뭔가 얻을 것이 있는 사람과만 유대를 쌓는다.

성공하는 사람은 열린 마음으로 모든 주제, 모든 사람에 대해 너그러운 태도를 보인다. 실패하는 사람은 속이 좁고 편협함이 몸에 배어 있어서, 좋은 기회를 알아보지 못하고 다른 사람들과 우호적인 협력의 기회도 놓쳐버린다.

성공하는 사람은 시대 흐름을 따라가면서 자신의 사업과 직업, 지역 공동체뿐만 아니라 전 세계에 걸쳐 무슨 일이 일어나는지 아는 것을 중요한 일로 생각한다. 실패하는 사람은 당장의 욕구에 급급해 수단과 방법을 가리지 않고 어떻게 해서든 이를 손에 넣는다.

성공하는 사람은 항상 긍정적인 마음과 인생관을 갖는다. 자신이 세상에서 점유하는 공간과 자신이 누리는 성공은 자신이 제공하는 서비스의 질과 양에 달려 있다는 사실을 안다. 그는 늘 약속한 것보다 더 많은 서비스를 제공한다. 실패하는 사람은 '대가 없이 얻으려' 하거나 노력 없이 몰래 얻으려 한다. 그리고 얻는 데 실패하면 다른 이들의 탐욕스러움을 비난한다.

성공하는 사람은 창조주에 대해 깊은 경외심을 갖고 있으며, 기도하고 남을 도움으로써 그러한 경외심을 자주 표현한다. 실패하는 사람은 의식주에 대한 욕구밖에 없으며 타인을 희생해서라도 자신의 욕구를 채우려 한다.

　이처럼 성공하는 사람과 실패하는 사람의 말과 행동에는 상당한 차이가 있다. 성공하는 사람과 실패하는 사람이 각각 지금의 그 자리에 있는 것은 자신과 타인에 대한 스스로의 마음가짐에서 비롯된 것이다.

강인함은 고난에서 나온다

고난은 인간이 발전하고 확장하고 성장하도록 자연이 설계한 현명한 장치이다. 고난은 대하는 사람의 태도에 따라 시련이 될 수도 있고, 놀라운 경험이 될 수도 있다. 고난 없는 성공은 상상할 수조차 없다.

인생은 태어나서 죽을 때까지 말 그대로 끊임없이 늘어나는 고난의 연속이다. 우리는 고난을 경험할 때마다 조금씩 깨달음을 얻음으로써 배움을 차곡차곡 쌓아 나간다.

"행하라. 그러면 힘을 얻을 것이다." 미국의 사상가이자 시인

랄프 왈도 에머슨Ralph Waldo Emerson의 말이다.

자연은 우리에게 고난을 정복하면 무엇이든 해낼 수 있는 충분한 강인함과 지혜를 얻을 것이라고 일러 준다.

숲속에서 가장 강한 나무는 가장 많은 보호를 받아왔던 나무가 아니다. 비바람과 다른 나무들에 맞서 꿋꿋이 버텨내고 살아남은 나무가 가장 강한 나무다.

나의 할아버지는 마차를 만드는 사람이었다. 작물을 심을 토지를 개간하면서 할아버지는 항상 노지에 몇 그루의 떡갈나무를 남겨두셨다. 나무들은 땡볕과 거센 바람을 고스란히 맞으며 자랐다.

자연에 맞서 기를 쓰고 버틴 나무들은 숲속 깊은 곳에서 보호받는 떡갈나무보다 훨씬 강하고 단단했다. 할아버지는 이 나무에서 얻은 목재를 마차 바퀴에 사용했는데, 활처럼 구부려도 부러질 염려가 없었다. 고난을 이긴 나무들은 무거운 짐도 견딜 만큼 튼튼하게 자랐던 것이다.

이와 비슷하게 고난은 인간의 정신을 강하게 만든다. 대부분의 사람들은 인생에서 가장 쉬운 길을 택하려 한다. 이들은 강이 구불구불하게 생긴 원리, 인간에게도 똑같이 적용되는 이 근본 원리를 깨닫지 못한다. 고난에서 생기는 강인함이 없다면 뚜렷한 목표나 계획도 없이 인생을 흘려보내고 싶은 마음만 클 것이다.

인생의 원대한 목표를 깨닫고 나면 우리를 고난에 빠뜨리는 상황을 감수하게 된다. 그 결과 우리는 고난을 있는 그대로 받아들인다. **그것이 바로 기회인 것이다.**

고난은 우리를 앞으로 나아가게 만든다. 그리고 결국 성공은 고난을 통해서만 온다는 온전한 깨달음을 안겨준다. 인생에서 가치 있는 것은 고난 없이 얻을 수 없다. 쉽게 얻을 수 있다면 누구나 덤벼들 것이다. 어느 분야에서든 성공한 사람은 고난을 겪은 사람이다. 인생은 고난이며, 어려움에 정면으로 맞서 이를 극복하고 다음 도전을 향해 나아가는 사람에게 보상이 주어진다.

경영대학을 졸업하고 내가 만난 첫 상사는 루퍼스 에어즈Rufus Ayers 장군이었다. 그가 맡은 법무 영역이 광범위해서 나는 밤늦은 시간이나 공휴일에도 그를 도와야 할 때가 많았다.

맡긴 업무를 끝낼 때마다 그는 항상 나에게 장시간 일하게 한 것에 대해 미안함을 드러냈다. 그러곤 그는 "자네가 한 일이 나에게 큰 도움이 되었네. 그렇지만 오늘 저녁에 자네가 얻은 경험은 스스로에게 더 큰 도움이 될 걸세"라고 덧붙였다.

나는 헨리 포드의 최측근 중 한 명에게 성공의 공식에 대해 물었다가 들은 대답을 절대 잊지 못할 것이다. 그는 이렇게 말했다.

"저는 포드 씨와 같은 사람들에게 방해꾼 역할을 합니다. 그리고 뭔가 해야 할 일이 있으면 그분들이 저를 찾길 바라죠."

고난을 피하지 않고 적극적으로 받아들일 때 고난을 통해 배우고 성장할 것이다. 그리고 결국 성공할 것이다.

자신의 진정성을 보여줘라

성공하려면 인생의 **명확한 목표**가 있어야 한다. 또 다른 이들에게 더 나은 제품이나 서비스를 제공하려는 진정한 마음이 있을 때 그러한 목표를 달성할 가능성은 훨씬 커진다. 이 문장에서 가장 중요한 말은 '**진정한**'이란 표현이다.

진정성은 자기만족, 자긍심, 하루 24시간 자존심을 지킬 수 있는 정신력이 있을 때 빛을 발하는 특징이다. 우리는 영광과 명예, 부로 우리를 끌어올리거나 고통과 실패로 끌어내릴 수 있는 보이지 않는 '또 다른 자신'을 최대한 존중하며 행동한다.

에이브러햄 링컨에게 그의 친구가 링컨의 적들이 그에 대한 지독한 험담을 하고 다닌다고 전한 적이 있다.

"그들이 거짓말을 하는 한 무슨 말을 하든 나는 상관이 없네." 링컨이 큰 소리로 말했다. 자신의 목표에 진정성이 있었기 때문에 링컨은 비난의 두려움에 휘둘리지 않은 것이다.

진정성은 동기의 문제이다. 따라서 사람들은 당신에게 시간과 에너지, 돈을 투자하기 전에 당신의 진정성을 문제 삼을 권리가 있다. 어떤 행동에 나서기 전에 스스로 진정성을 시험하라. 스스로에게 이런 질문을 하라.

"내가 하는 일에서 개인적인 이득을 얻으려고 할 때, 나는 서비스나 상품에 정당한 가치를 제공하고 이익이나 급여를 바라는 것인가 아니면 대가 없이 무언가를 얻으려고 하는가?"

진정성을 타인에게 증명해 보이는 것은 어려운 일이다. 그러나 진정성을 증명할 각오가 되어 있어야 하며, 이를 적극적으로 해야 한다.

마사 베리Martha Berry는 미국 조지아주 북부의 가난한 동네에 학비를 낼 형편이 못되는 소년 소녀들을 위한 학교를 세웠다. 초기에는 학교 재정을 효율적으로 운영하기가 어려워서 끊임없이 재원이 필요했다. 헨리 포드와 만날 수 있었던 그녀는 그에게 자신이 하는 일을 설명하고 소액의 기부금을 요청했다. 하지만 그는 요청을 거절했다.

"그러면 저희에게 땅콩을 대량으로 좀 지원해주실 수 있는지요?" 베리 여사가 물었다.

색다른 요청에 흥미를 느낀 포드는 땅콩을 살 돈을 주었다. 베리 여사는 일정한 금액의 돈을 모을 수 있을 때까지 학생들에게 땅콩을 심도록 해주었다. 그런 다음 그녀는 포드에게 돈을 돌려주며, 그의 작은 기부금을 어떻게 몇 배로 늘렸는지 보여주었다. 이에 감명을 받은 포드는 그녀의 학교 농장이 자급자족할 수 있도록 트랙터와 농기구를 살 충분한 돈을 기부했다. 수년간 그는 지금 캠퍼스에 서 있는 아름다운 석조건물을 짓는 데 백만 달러 이상을 기부했다.

"베리 여사의 진정성과 도움이 필요한 소년소녀들을 위해 생각해낸 놀라운 방법에 감탄하지 않을 수가 없었습니다." 포드가 말했다.

베리 여사는 자신이 하는 일에 굳은 믿음이 있었다. 그렇기에 처음에는 포드가 요청을 거절하며 회의적인 태도를 보였더라도 행동으로 보여주면 마음이 돌아설 것이라 확신했다. 가치 있는 일을 위해서라면 어떤 역경에도 굴하지 않으며 최선을 다

한다는 것을 보여준 그녀의 행동은 예상을 뛰어넘는 일이었다.

상황은 늘 힘들어질 수 있는 법이다. 우리에게 목표를 향한 진정성이 있어야만 이 시기를 견딜 수 있을 것이다. 대가를 받은 만큼의 진정한 가치를 제공하고 있다는 것을 스스로 아는 이상, 자신과 거래하는 상대방에게도 이러한 신념이 명확히 보일 것이다.

다른 이들을 진정으로 도우려는 마음을 내보일 때 인생에서 목표한 바를 성취할 수 있다. 그렇게 하면 힘겨운 시기에도 걱정할 필요가 없다. 감당할 수 없을 만큼 많은 고객이 당신을 찾을 것이다.

희망의 불씨를 품어라

희망은 성공을 이루기 위한 원료이다. 희망은 믿음으로 구체화되며, 믿음은 결심으로, 그리고 결심은 행동으로 구체화된다. 희망은 주로 상상력에서 나온다. 더 나은 세상, 더 나은 삶, 더 나은 내일에 대한 꿈에서 나오는 것이다.

우리는 희망을 바탕으로 인생의 명확한 목표를 정하고 이를 현실로 만들어간다. 예를 들면 철도왕 제임스 힐James Hill은 수년 전 전신국에서 전신기사로 일했는데, 남편이 살해당한 친구에게 보내는 한 여성의 애도문을 작성하게 되었다. 그는 그 메시지의 내용에 영감을 받았다.

"더 나은 세상에서 남편을 만날 수 있다는 희망을 가지면 슬픔이 잦아들 거예요."

희망이라는 말은 힐의 마음에 꽂혔다. 그는 희망이 가진 위력과 그 가능성에 대해 생각하기 시작했다. 그러다 그는 언젠가 서부를 잇는 새로운 철도를 깔겠다는 꿈을 갖게 됐다. 그 꿈은 명확한 결심으로 발전했고, 결실을 맺었다. 전신기사의 꿈은 희망이라는 한마디 가능성을 발판 삼아 그레이트 노던 철도Great Northern Railway 시스템으로 발전한 것이다.

힐은 이 과정에서 수많은 사람들을 백만장자로 만들어주었다. 그는 철도 사업의 성공이 고객과 운명을 같이한다는 사실을 알았다. 그는 농부, 광부, 목재상들을 설득해 서부로 가서 자신의 그레이트 노던 철도로 상품을 운송하게 했다. 힐은 결국 캐나다에서 미주리까지, 그리고 그레이트 레이크Great Lakes에서 퓨젯 사운드Puget Sound까지 뻗어나간 하나의 제국을 건설했다. 그는 심지어 선박회사를 차려 동양에까지 사업을 확장했다.

마누엘 케손Manuel Quezon은 사랑하는 조국 필리핀을 위해 자치정부를 세울 담대한 꿈과 희망을 품었다. 그는 언젠가 자유 필리핀 공화국의 대통령이 되겠다는 아심찬 희망도 가졌다. 그의 희망은 강한 믿음이 되어 행동으로 발전했고, 필리핀의 임명 상주대표appointed resident commissioner(미국 점령 하에 있던 필리핀에서 발언권은 있지만 투표권은 없는 미국 연방하원의 필리핀 상주 대표를 말함)가 되기 위한 캠페인을 벌였다.

24년 동안 그는 나라의 독립을 위해 온갖 노력을 기울였다. 나는 그 사실을 확실히 안다. 그가 자신의 정치적 목적을 실현하기 위한 방안에 대해 친구인 나에게 자주 조언을 구했기 때문이다. 케손이 새로운 필리핀 공화국 대통령으로 선출된 날, 그는 나에게 이런 전보를 보냈다.

"이 영광스러운 승리의 날까지 내 마음속에 희망의 불꽃이 불타오를 수 있도록 나에게 영감을 준 데에 대해 진정으로 깊은 감사를 드립니다."

이 이야기의 교훈은 희망을 갖기 위해서는 상상력을 자유롭게 풀어주어야 한다는 것이다. 담대하게 큰 꿈을 가져라. 불가능은 없다는 믿음을 굳게 지녀라. 헨리 데이비드 소로는 이런 말을 남겼다. "공중에 성을 지었더라도 허물 필요는 없다. 성이 있어야 할 곳이 바로 그곳이기 때문이다. 이제 그 밑으로 토대만 쌓으면 된다."

희망과 믿음으로 명확한 목표를 정하라. 목표를 종이에 적어

라. 이를 마음에 새겨라. 성공을 향해 나아가면서 이 목표를 북극성과 같은 지표로 삼아라. 그런 다음 목표를 실현하기 위해 행동하라. 길잡이가 되어 주는 별에 시선을 고정하고 있으면 목표를 향해 나아가기가 훨씬 쉽다. 그러면 어떤 행동을 해야 목표에 더 빨리 다가갈 수 있을지 어떤 행동이 목표에서 멀어지게 할지를 신속히 판단할 수 있다. 별에서 눈을 떼면 방향을 잘못 틀어 목표에 결국 도달하지 못할 수 있다.

모든 꿈은 희망에서 시작한다는 사실을 잊으면 안 된다. 해피엔딩으로 끝나는 모든 성공담은 이런 말로 시작된다. "옛날 옛적에 이루고 싶은 꿈을 가진 사람이 있었습니다…" 당신의 꿈도 똑같이 시작해야 한다.

인내로 긍정 에너지를 만들라

미국인들은 급하다. 다른 나라 사람들은 이를 미국인 특유의 성격으로 본다. 그 말이 맞다. 무언가를 탐구하는 강력한 에너지에서 나오는 이 국민성은 바로 미국이 가진 가장 강력한 힘의 원천이다.

그러나 즉각적인 행동을 요하는 이러한 추진력은 미국인을 세계에서 가장 참을성 없는 사람들로 만든 나약함의 원천이기도 하다. 전시에는 수많은 미군들이 이처럼 성급한 국민성 때문에 결정적인 위기에 내몰리기도 했다. 미국인들은 저격수를 따돌리기보다는 자신을 노출해 불필요하게 포격당하는 일이 잦았던 것이다.

기업에서도 똑같은 결과가 생길 수 있다. 미국인들은 계약서에 지금 당장 서명하고 거래를 성사시키고 싶어 한다. 행동부터 하고 보는 이러한 성향 때문에 시간을 두고 프로젝트를 꼼꼼히 따져보지 못하는 경우가 많다. 이때 조바심을 내며 성급하게 '덤벼들기' 때문에 좀 더 기다렸다가 행동하는 다른 이들에게 중요한 이득을 내줄 수 있다. 벤자민 프랭클린Benjamin Franklin은 "인내할 수 있는 사람이 바라는 것을 손에 넣을 수 있다"라고 말했다.

인내심에는 그 나름의 용기가 필요하다. 이는 이상이나 목표에 온전히 헌신하는 데서 비롯되는 지속적인 인내와 불굴의 정신이다. 로버트 브라우닝Robert Browning의 말처럼, 인내심이란 자신이 할 수 있는 것을 바꾸는 용기, 자신이 할 수 없는 것은 기꺼이 받아들이는 마음, 다름을 알아보는 지혜이다. 따라서 인생의 중요한 목표를 달성해야 한다는 생각이 강할수록 더 많은 인내심을 발휘해 장애를 극복할 것이다.

내가 말하는 인내심이란 정적이기보다는 동적이고, 수동적이기보다는 능동적이다. 이는 자신이 처한 상황이나 조건을 묵

묵히 따르는 대신 자신이 운명을 이끌어가는 긍정적인 힘으로, 미국인들이 넘치도록 지니고 있는 것과 같은 종류의 에너지에서 나온다. 그러나 이는 광적인 집착에 가까울 정도로 하나의 목표를 향해 남김없이 쏟아내며 엄격히 통제되는 그러한 인내심이다.

인생이 어디로 가고 있는지 알면, 자신과 목표 사이에서 오는 약간의 문제들은 얼마든지 너그럽게 수용하게 된다. 언젠가 목표에 도달할 것이고, 이런 문제들은 잠시 그 일을 지연시키는 것뿐이다.

또한 문제를 있는 그대로 인식하고 긍정적으로 접근하면, 기꺼이 그 문제와 맞닥뜨려 해결할 수 있다. 당신이 장애물을 없애기로 결단력을 발휘하기도 전에 이미 사라져버릴 것이다.

콘스탄스 배니스터Constance Bannister는 참을성 없는 성격을 자신의 최대 단점이라 생각했다. 그러나 그녀는 엄청난 인내심이 요구되는 직업인 아기 사진을 찍는 일에 뛰어들었고, 그 분야에서 가장 성공한 사람 중 하나로 꼽히게 되었다.

"아기 사진을 찍을 때 원하는 표정을 얻어내려면 단조로운 목소리로 달래며 같은 말을 계속해야 합니다." 그녀가 말했다. "아기 사진 찍는 걸 좋아하는 이유는 저에게 많은 도움이 되기 때문입니다. 유머 감각을 기를 수 있고 다른 분야에서 창의성을 발휘하는 데도 도움이 되니까요."

어떻게 인내심을 키울 수 있을까? 쉽다. 인생의 명확한 목표를 정하고 이를 성취하고자 하는 불타는 욕망으로 의지를 발휘해 목표에 집중하면 모든 생각과 행동, 기도가 그러한 목표로 수렴되기 마련이다.

에디슨이 백열전구를 발명하고 조너스 소크Jonas Salk 박사가 소아마비 백신을 개발하며 에드먼드 힐러리Edmund Hillary가 에베레스트산을 정복하고 헬렌 켈러Helen Keller가 극복할 수 없을 것 같았던 신체장애를 이겨낸 것은 바로 이와 같은 확고한 생각으로 인내심을 발휘했기 때문이다.

이처럼 인생의 중요한 목표에 집중하면 목표 달성에 필요한 인내심이 생긴다.

유연함은 부유함에 광채를 더한다

우리는 모두 남들이 자신을 좋아해주길 바란다. 다른 사람에게 칭찬을 받고 우정을 키워나가길 원한다. 나아가 함께 일하는 사람으로부터 친밀하고 우호적인 협력을 얻을 수 없다면 인생에서 성공하기 어렵다는 사실도 안다. 호감 가는 성격의 가장 특징은 바로 유연함에 있다.

유연함이란 자제력과 평정심을 유지하면서 주어진 상황이나 환경에 적응하기 위해 몸과 마음을 굽히는 능력을 말한다.

그러나 유연함이 고분고분함을 의미하는 것은 아니다. 유연한 사고방식을 갖기 위해 타인의 기분과 의지에 굴복할 필요는 없다. 예스맨을 높이 평가하는 사람은 없다.

유연함은 주어진 상황을 신속히 살펴보고 평가한 후, 감정을 최대한 절제한 상태로 논리와 이성에 근거해 거기에 대응할 수 있는 능력이라고 보는 것이 가장 적절하다. 유연함을 기르면 신속히 기회를 잡거나 문제를 해결할 수 있다. 결단력 있게 행동할 수 있는 것이다.

신시내티의 통신판매 의류상인 아서 내시Arthur Nash는 회사가 부도가 나자 유연성을 발휘해 신속히 대응했다. 그는 이익을 분배하는 방식으로 전 직원과 파트너십을 맺음으로써 동종 업계에서 높은 수익을 내는 회사로 다시 일어설 수 있었다.

때로는 타인의 유연함이 도움이 되기도 한다. 예를 들면, 헨리 포드는 직원이나 동업자에게 변덕을 부리고 인내심이 부족한 편이었다. 그러나 아내 클라라의 유연한 사교성 덕분에 포드는 자제력을 발휘하며 난관을 피할 때가 많았다.

샌프란시스코의 뱅크 오브 아메리카BOA 은행장은 이렇게 말한 적이 있다. "직원을 고용할 때 우리는 네 가지 특성을 봅니다. 충성심, 신뢰성, 유연함, 업무 수행 능력이죠."

유머 감각 역시 유연함의 중요한 요소이다. 에이브러햄 링컨은 위기의 순간에 자신의 타고난 밝은 성품을 활용해 까다로운 각료들을 단결하게 만들었다.

유라이어 힙Uriah Heep(찰스 디킨스Charles Dickens의 소설 《데이비드 코퍼필드David Copperfield》의 등장인물로, 극히 겸손한 척하면서 타인을 나락에 떨어뜨리는 사람) 같은 유형과는 구별되는 겸손함 역시 필요하다. 겸손함이 없다면, 살면서 "내가 틀렸다"라는 말을 해야만 할 때 어떻게 유연함을 발휘할 수 있겠는가.

그러한 유연함이 부족했던 탓에 우드로 윌슨 대통령은 그토록 바랐던 국제연맹 프로젝트에 대해 상원의 인준을 받지 못했다. 그가 자존심을 어느 정도 내려놓고, 국제연맹에 가장 강력히 반대했던 헨리 로지Henry Lodge 상원 의원을 백악관에 초청해 회담을 가졌더라면, 상원의 승인을 받았을지도 모른다.

유연함은 가난을 덜어주고 부유함에 광채를 더한다. 유연함을 지닐 때 자신이 누리는 것에 감사하며 불운에도 겁먹지 않게 되기 때문이다. 또한 유연한 태도는 즐겁든 괴롭든 삶의 모든 경험을 유익하게 활용하도록 돕는다.

열정 없이 이루어지는 일은 없다

랄프 왈도 에머슨은 이렇게 말했다. "어떤 위대한 일도 열정 없이 이루어진 것은 없다."

유타주 솔트레이크 시티의 모르몬 태버내클Mormon Tabernacle에서 45분간 어느 연사의 강연이 예정되어 있었다. 그는 2시간이 넘게 강연을 이어갔다. 강연이 끝나자 1만 명이 넘는 청중들이 일어나 5분간 기립박수를 쳤다.

이러한 반응을 이끌어내기 위해 연사는 무슨 말을 한 것일까? 강연 내용보다 중요한 것은 그가 강연을 전달한 방식이었다. 청중은 연사의 열정에 완전히 매료되었다. 강연의 세부적인 내용은 대부분 기억하지 못했을 것이다.

루이스 빅터 에이틴지Louis Victor Eytinge는 애리조나주 교도소에서 종신형으로 복역 중이었다. 그는 친구도 변호사도 돈도 없었다. 그러나 그는 자신의 열정을 아주 효과적으로 발휘해 자유를 얻을 수 있었다.

에이틴지는 레밍턴 타자기 회사에 편지로 자신의 곤경을 호소하며 타자기를 외상으로 달라고 부탁했다. 그러자 그 회사는 에이틴지에게 아예 타자기를 공짜로 주었다.

그는 여러 기업에 자사 판촉물을 보내 달라는 편지를 쓰기 시작했다. 그러곤 받은 자료를 다시 고쳐 써서 각 회사에 보냈다. 그의 카피라이팅 실력이 너무나 훌륭한 나머지 그의 편지를 받은 회사들은 자발적으로 그에게 기부금을 보내기 시작했다. 그는 그 돈으로 변호사를 고용할 수 있었다. 결국 그의 뛰어난 실력에 뉴욕의 대형 광고회사가 그에게 관심을 갖게 되었고, 변호사의 도움으로 그는 사면을 받았다. 그가 출소하는 날 마중을 나온 해당 광고회사 사장이 이렇게 말했다. "에이틴지, 자네의 열정은 이 교도소의 철창살도 막을 수 없다는 걸 보여주었네."

광고회사는 그를 위해 자리를 마련해 두었다.

"열정만큼 전염되기 쉬운 것은 없다"라는 옛말은 아무리 반복해도 그 의미가 퇴색되지 않는다. 열정은 자신의 성격을 타인에게 전하는 무선 전파와 같다. 아이디어를 널리 전하고 타인을 설득해 자신의 관점을 이해시키는 데 있어서 논리나 이성, 수사보다 훨씬 강력하다.

대단히 성공한 한 영업부 관리자는 진정성 있고 솔직한 열정이야말로 훌륭한 세일즈맨의 가장 중요한 특성이라고 말했다. "어떤 사람과 악수를 할 때 내가 당신을 만나 정말로 행복하다고 느끼도록 특별한 느낌을 줘보세요."

하지만 여기서 주의할 점이 한 가지 있다. 거짓 열정만큼 수상쩍은 것도 없다는 점이다. 지나치게 에너지가 넘치거나 심하다 싶을 정도로 열정을 내비치면 누구나 이를 알아보고 불신하게 된다.

제닝스 랜돌프Jennings Randolph의 사례는 열정이 어떻게 큰 성공으로 이어지는지를 잘 보여준다. 웨스트버지니아의 세일럼 칼리지Salem College를 졸업한 후 랜돌프는 정계에 입문해 매우 탁월한 선거운동을 펼친 결과, 노련한 선배 정치인을 상대로 압도적인 승리를 거두며 의회에 입성했다. 그의 정치적 영향력을 알아본 프랭클린 루스벨트Frank Roosevelt 대통령은 그를 의회에서 특별 전시입법을 이끌 인물로 발탁했다.

워싱턴 교수 그룹이 진행한 비공개 인지도 조사에서 루스벨트와 랜돌프는 만장일치로 당시 정부기관에서 가장 매력적인 인물로 뽑혔다. 그러나 넘치는 열정을 바탕으로 다른 이들에게 영향력을 발휘하는 능력만큼은 랜돌프가 루스벨트 대통령을 앞서는 것으로 나타났다. 14년간의 의정 활동 끝에 랜돌프는 민간 기업에서 받았던 많은 제안 중 하나를 받아들였다.

그는 당시 적자 상태였던 캐피탈 에어라인Capital Airlines의 부사장이 되었다. 그의 지칠 줄 모르는 에너지 덕분에 회사는 2년 만에 수익 면에서 모든 항공사를 압도하게 되었다.

랜돌프의 호감 가는 성격에 대해 캐피탈 에어라인 사장은 이렇게 말한 적이 있다. "그는 연봉 이상을 벌어들입니다. 그는 실제 맡은 일을 열심히 할 뿐만 아니라 특히 회사의 다른 직원들에게 열정을 불러일으키는 데에도 탁월합니다."

열정을 타고나는 사람은 없다. 이는 후천적으로 키워내는 자질이다. 당신도 열정을 키울 수 있다. 다른 사람들과 만나는 거의 매 순간 당신은 어떤 의미에서든 무언가를 팔고자 노력하고 있다는 사실을 잊지 마라. 사소한 관계에서도 마찬가지다.

먼저 당신이 가진 아이디어와 상품, 서비스, 또는 당신 자신의 가치를 스스로 납득하라. 그리고 비판적으로 검토하라. 무엇을 팔려고 하든 그 결함을 파악하고 이를 즉시 바로잡아라. 그런 다음 당신의 상품이나 아이디어의 정당성을 전적으로 확신하라.

이러한 신념으로 무장한 후 긍정적이고 강력하면서도 정열적으로 사고하는 습관을 길러라. 그러면 열정이 스스로 커가는 것을 알게 될 것이다. 진정성을 통해 믿음직스러운 인상을 준다면 다른 이들에게 이러한 열정을 전하는 데 도움이 될 것이다.

인간적인 매력을 발산하라

대다수 사람들이 그러하듯 처음 만났는데도 자기도 모르게 마음이 끌리는 사람이 있다. 그런 사람과는 금세 친구가 되고 다른 지인들보다 그에게 훨씬 더 믿음이 가게 된다. 우리 모두가 그런 인간적인 매력을 어느 정도는 갖고 있으며, 그중에는 남들보다 특별히 더 매력적인 사람들이 있다.

인간적인 매력은 열정, 사랑, 기쁨 등 정서적인 감도를 결정짓는 타고난 생물학적 특성처럼 보인다. 타고난 성향의 양과 질을 늘릴 수는 없지만 원하는 목표를 위해 이를 체계적으로 준비할 수는 있다. 그리고 이를 배우는 사람들은 대부분 리더이자 기획자, 행동가, 선구자로서 문명의 진보에 일익을 담당하는 이들이다.

하지만 언제나 그런 것은 아니다. 자격 미달인 사람들이 이런 엄청난 힘을 손에 넣고 타인에게 영향력을 행사하는 일이 종종 벌어진다. 따라서 이들의 의도와 동기를 확실히 알기 전까지는 각별히 주의해 대할 필요가 있다. 중요한 것은 자신의 인간적인 매력을 이용해 성공을 이룰 수 있다는 점이다. 매력을 활용하면 목표를 달성하는 데에 도움이 되는 타인의 우호적인 협력을 얻을 수 있다.

인간적인 매력은 주로 타인과 의사소통에 사용하는 수단인 목소리, 시선, 손동작을 통해 드러난다. 태도와 자세 역시 매력을 드러내는 데 큰 역할을 한다. 말한 내용이 큰 의미가 없을 수도 있지만, 말할 때 드러나는 어조와 강두, 열정은 논리와 수사보다 훨씬 더 강력할 수 있다.

사실 인간적인 매력이 넘치는 사람은 다른 이들을 자기편으로 끌어들이기 위해 말이 필요 없을 수도 있다. 대표적인 예가 바로 빌리 그레이엄Billy Graham 목사이다. 그는 간단한 제스처, 또는 감정이 오롯이 담긴 눈과 듣기 좋은 목소리만으로 창조주에게 영혼을 인도한다. 프랭클린 루스벨트는 정치적으로 다른 사람들에게 이런 힘을 발휘했다. 그런데 여기서 역사를 통틀어 히틀러나 무솔리니를 비롯한 다수의 고약한 인물들도 강력한 힘을 휘둘렀다는 사실을 짚고 넘어가야겠다. 파괴적인 목적으로 이러한 인간적인 매력을 이용하려는 사람들을 경계하라.

자신감과 강한 정신력, 설득력을 발산하는 법을 안다면 이러한 힘을 이용할 수 있다. 다른 사람들의 시선을 정면으로 바라보며, 힘 있게 그러나 따뜻하게, 듣는 사람의 관심을 끌기 위해 음량과 음색을 조절하며 유쾌하고 솔직한 어조로 말하려고 의식적으로 노력하라.

인간적인 매력을 발산하고 어떤 가능성이 열리는지 지켜보라!

잠재의식으로 자신감을 키워라

토머스 에디슨은 기계로 사람의 목소리를 녹음하고 재생하는 방법을 알아냈다고 생각하고는 한 모형 제작자를 불렀다. 그러곤 자신의 아이디어를 연필로 대충 그려주고 실제 작동 모형을 만들어달라고 주문했다.

모형 제작자는 잠시 그림을 보더니 소리쳤다. "불가능합니다! 이런 건 못 만들어요."

"왜 안 될 거라고 생각하나?" 에디슨이 물었다.

"왜냐하면 말하는 기계를 만든 사람은 아무도 없었으니까요."

에디슨은 그 말을 듣고 말하는 기계에 대한 아이디어를 포기할 수도 있었다. 그러나 그는 그렇게 생각하지 않았다.

"가서 내가 그려준 것과 같은 모형을 만들게." 에디슨이 요구했다. "그리고 작동하지 않으면 내 잘못인 것으로 하지."

자신 있게 자신의 아이디어와 계획을 밀고 나가는 사람은 실패의 첫 조짐만 보고 포기해 버리는 사람보다 항상 우위를 점하기 마련이다.

결국 모형은 완성됐고 모형 제작자는 첫 시험에서 모형이 제대로 작동했다는 사실에 크게 놀랐다.

자신감이 부족해 자신을 과소평가하는 사람은 성공의 영광을 맛보지 못한다. 성공은 자신이 원하는 바를 정확히 알고 이를 얻기 위한 의지로 **불가능**을 거부하는 사람에게 보상을 내린다.

미국에서 실적이 가장 뛰어난 보험 영업 관리자 중 한 사람은 자신의 영업 사원들에게 매일 아침 일하기 전에 거울 앞에서 5분간 이렇게 말하도록 교육했다. "너는 가장 능력 있는 영업 사원이고 오늘, 내일, 그리고 언제나 그것을 증명해 보일 거다." 그리고 사전에 협의하여 각 영업 사원의 배우자들에게 매일 아침 문 앞에서 배웅하면서 이런 말을 하게 했다. "당신이 최고의 영업 사원이란 사실을 오늘 증명해 보일 거예요."

이 영업 사원들 모두가 보험 업계에서 리더의 위치에서 활약하고 있다. 누군가 자발적으로 구입하는 것이 아닌 판매해야 하는 보험 업무의 특성상 이는 시사하는 바가 크다.

인간의 잠재의식에는 각 개인이 원하는 목표를 위해 활용하고 유도할 수 있는 무한한 능력이 있다. 그러나 그 잠재의식을 원하는 방향으로 이끌 수 있는 방법은 매우 간단해서 많은 이들이 그 실행 가능성을 과소평가한다. 간단히 말해, 투명 인간에게 말하듯 잠재의식에 말하고 명령하기만 하면 잠재의식은 대기하고 있다가 요청받은 일을 언제든지 할 수 있다.

잠재의식에는 한 가지 아주 독특한 특성이 있다. 누가 어떤 말을 하든 믿으며 그에 따라 행동한다는 것이다. 입 밖에 내서 한 말뿐만 아니라, 놀랍게도 속으로 생각하는 것까지 믿고 이를 실행한다. 특히 믿음이나 두려움으로 인해 정서적으로 증폭된 생각은 더욱 그렇다.

잠재의식은 또한 반복되는 생각과 말을 매우 쉽게 받아들인다. 다행스럽게도 이런 특성은 잠재의식을 어떤 목적에든 활용할 수 있는 간편한 수단으로 만들어준다. 게다가 가난과 실패, 질병 등 원치 않는 것들을 계속해서 생각하는 사람이 왜 결국 그런 일들을 현실에서 겪게 되는지를 설명해준다.

성공한 사람들은 누구나 자신이 선택한 목표와 목적을 잠재의식에 주입하는 나름의 방식을 갖고 있으며, 그것도 아주 열심히 하기 때문에 원치 않는 것을 삶에 끌어들이는 일은 없다. 반복을 통해 원하는 것을 아주 분명하게 잠재의식에 전달하는 한 어떤 방식으로 그런 체계를 갖추느냐는 그다지 중요하지 않다.

잠재의식을 활용해 자신감을 기르면, 마음먹은 대로 모든 일을 하게 될 것이다.

유머로 장애물을 넘다

유머 감각은 성공의 장애물을 제거하도록 도와준다. 성격이 명랑한 사람은 그런 성격을 타고난 것을 복으로 여겨야 한다. 또한 그렇지 않은 사람이라면 노력을 통해 이를 개발할 수 있다.

유머 감각이 뛰어나면 다른 사람들에게 호감을 사기가 쉽고 매력적인 사람으로 보인다. 따라서 그런 자질만 있어도 성공하는 데 큰 도움이 된다. 그 외에도 순간의 실패를 극복함으로써 다시금 성공을 향해 달려가도록 해주는 것이 바로 유머 감각이다.

예리한 유머 감각은 대체로 겸손함이 바탕이 된다. 남편 찰스가 우라늄을 찾는 동안 아내 미니 리 스틴이 네 명의 자녀와 함께 유타주 사막에서 혹독한 시련을 견딜 수 있었던 것은 바로 이런 유머 감각 덕분이었다.

2년간 힘들게 일하면서도 찰스와 미니 리 스틴은 유머 감각을 잃지 않았다. 아이들을 위해 이들은 자신들의 어려움을 일종의 게임으로 만들었다. 이른바 '선구자' 게임을 매우 즐겼던 것이다. 그 덕분에 어떤 어려움이 닥쳐도 이 용감한 가족은 굴하지 않을 수 있었다.

결국 스틴은 해냈다. 그는 불하 청구지에서 우라늄을 발견했으며, 3년 만에 7,000만 달러 상당의 광물을 생산했고, 그 최종 가치는 거기에 몇 천만 달러가 더해졌다. 찰스와 미니 리 스틴은 가난의 구덩이에서 세상 꼭대기로 올라갔다.

스틴을 비롯한 수천 명의 사람들이 해낸 일이라면 당신도 할 수 있다. 일단 어떠한 어려움과 문제보다는 현재 누리는 것과 가진 것에 감사하는 법을 배우고 이를 마음속으로 가장 중요하게 여겨라. 그렇게 하기가 어렵다면 목록을 작성해서 걱정이 될 때마다 읽어라. 내가 누리는 것들은 대부분 숨은 보물과 같다. 매일 흔히 보는 것이거나 아니면 그저 당연하게 생각하는 특성일 때가 많다. 예를 들면 건강이라거나, 가족들의 사랑과 존경 및 믿음 등이 이에 해당한다.

문제를 성공에 이르는 디딤돌로 생각하는 법을 배워라. 하나씩 극복해 나갈 때마다 목표에 가까워진다고 생각하는 것이다. 신발이 없다고 불운을 저주한 사람이 발이 없는 사람을 만났을 때처럼 모든 상황은 더 나빠질 수도 있다는 사실을 명심하라. 아무리 작은 것이라도 자신이 누리는 풍족함에 대해 매일 감사 기도를 드려라. 그리고 조금 더 노력해서 매일 어느 정도 시간을 내어 남을 돕는 데 에너지를 써라.

특별하거나 새로운 문제란 없다는 것을 기억하라. 언제나 이미 겪어 본 사람들에게서 조언이나 도움을 얻을 수 있다. 혼자가 아니다. 항상 나에겐 더 큰 힘이 있다. 대담하고 용기 있고 단호하게 문제를 정면에서 마주하라. 에머슨이 말했듯이 "문제를 헤쳐 나가는 모험이란 적당히 감내해야 하는 불편함에 지나지 않는다."

PART 2

성공은 내 안에서
시작된다

쇼맨십이 부족하진 않은가

조 덜Joe Dull의 경우를 생각해보자. 조는 근면성실하고 신의를 지키면서 시간을 엄수하고 믿음직스러우며 수완 좋은 사람이다. 그는 시간과 노력, 에너지 면에서 회사에 훨씬 많은 기여를 하고 있다. 조가 성공하는 것은 당연한 일처럼 보일지 모른다.

그러나 실상은 다르다. 조는 성공과 거리가 멀다. 오히려 다른 사람들이 승진을 하고 급여가 인상되었다. 조에게 부족한 것은 무엇일까? 그것은 바로 쇼맨십이다. 그는 윗사람들의 관심을 끌지 못하고 있었다.

당신은 조와 같은 사람인가? 그렇다면 쇼맨십을 키워라. 쇼맨십을 키웠을 때 성공의 사다리를 오르는 게 얼마나 쉬운지 알게 될 것이다.

그러나 "바로 그거야. 답을 찾았어"라고 하기 전에 주의할 점이 있다. 진정한 쇼맨십과 부정직한 방법으로 시선을 끄는 것은 뚜렷한 차이가 있다. 예를 들어 아첨을 하면 친구보다는 적을 더 많이 만들 것이다. 대놓고 자랑하는 것 또한 마찬가지다. 반면에 진정한 쇼맨십은 창의적이다. 그 이름이 시사하듯, 어떤 면에서는 오락적인 부분이 있다. 독창성과 적절한 때를 포착하는 감각이 필요하다.

버나드 맥패든Bernard MacFadden(신체 건강 및 보디빌딩 관련 잡지를 펴냈던 미국 언론인)의 쇼맨십 능력은 때로는 거의 기이하다고 생각될 정도였다. 그는 비행기에서 빨간색 플란넬 속옷만 입은 채 낙하산을 타고 뛰어내리고, 맨발로 브로드웨이를 걸으며 엄청난 홍보 효과를 거둠으로써 회사에 몇 백만 달러를 안겨 주었다.

물론 이렇게까지 극단적일 필요는 없다. 사소한 부분이라도 예의를 지키고 정중한 태도를 보이는 것만으로도 동일한 목표를 달성할 수 있다.

스테이폼 컴퍼니Stayform Company의 전임 회장이었던 글렌 푸셰 Glenn Fouche는 쇼맨십을 통해 텍사스의 한 대형 게양기 및 기중기 판매 회사의 사장 자리에까지 오른 한 친구의 이야기를 들려주었다.

한 젊은 영업사원이 처음으로 작은 게양기를 판매하고 주문품을 신속히 배달해준 배송 사업부 책임자에게 감사의 편지를 썼다. 그는 도색 담당 부서에 편지를 써서 게양기 배송 상자를 풀 때 밝은 빨간색 도장 처리를 보고 얼마나 자랑스러웠는지 얘기했다. 수년간 그는 회사의 각 구성원에게 자사 서비스가 얼마나 가치 있는지 알려주려 노력했다.

이렇게 타인의 가치를 인정함으로써 그는 회사에서 가장 인정받는 인물이 되었다!

진정한 쇼맨십은 긍정적인 생각이 바탕이 되어야 한다는 것을 기억하라. 타인의 가치를 깎아내리거나 축소하는 일은 절대로 없어야 한다. 다른 사람을 밟고 올라서서 성공할 수는 없다.

조 덜과 같이 지나치게 겸손하거나 수줍음이 많아서 고위 관리자에게 자신의 의견을 직접 피력하지 못할 수도 있다. 그렇다면 메모를 써라. 아이디어를 글로 옮기면 인정받아야 할 사람이 제대로 인성받을 수 있다.

그러나 기다리는 것은 금물이다. 지금 당장 쇼맨십을 성공의 도구로 활용하라!

목표를 이루는 성공 공식

어디로 갈지도 모르고 지도도 없이 장거리 자동차 여행을 시작하는 사람은 없을 것이다.

그러나 인생에서 정확히 무엇을 원하는지 알고 목표 달성을 위한 실행 계획을 세우는 사람은 100명 중 단 2명에 지나지 않는다. 그리고 이러한 사람들은 각 분야에서 리더로 활약하고 있다. 자기 나름의 방식대로 인생에서 큰 성공을 거둔 사람들인 셈이다.

가장 놀라운 점은 성공한 적이 한 번도 없는 사람들보다 이들에게 기회가 더 많았던 것도 아니라는 사실이다.

자신이 원하는 것을 정확히 알고 이를 성취할 수 있다는 절대적인 믿음이 있을 때 성공을 이룰 수 있다. 인생에서 원하는 것이 뭔지 모른다면 지금 당장 이 순간 시작하라. 그리고 스스로 진정 원하는 것이 무엇인지, 얼마나 이를 원하며 언제 손에 넣고 싶은지를 정하라.

여기 목표를 이루기 위한 네 가지 정확한 공식이 있다.

1. 가장 원하는 것을 글로 정확히 적어라. 어떤 일이든 상황이든 이를 얻고 나면 성공하리라 생각되는 것을 적어라.
2. 이 목표를 달성하기 위한 계획의 개요를 명확히 적고, 그 대가로 무엇을 포기할 수 있는지 적어라.
3. 명확한 목표의 구체적인 달성 기한을 정하라.
4. 여기에 적은 것을 암기하고 매일 기도하듯 여러 번 반복하라. 기도가 끝날 때는 계획에 필요한 것을 얻은 데 대해 감사를 표하라.

이러한 지침을 착실히 따르다 보면 삶 전체가 얼마나 빠르게 나아지는지를 발견하고 놀랄 것이다. 또한 내 앞에 놓인 장애물을 없애 주고 생각지도 못했던 좋은 기회로 나를 이끌어 줄 보이지 않는 파트너와 동맹을 결성하게 될 것이다. 이 과정을 소중하게 간직하라. 그렇지 않으면 이 심오한 법칙을 이해하지 못하는 회의주의자들이 당신을 불안하게 만들 것이다.

'그냥 일어나는' 일은 없다. 누군가가 어떤 일을 일어나게 만드는 것이다. 개인의 성공도 마찬가지다. 어떤 일을 하든 성공은 명확한 행동의 결과로 나타난다. 이는 성공을 위해 마음을 단련하고 목표를 이룰 것이라 믿는 사람이 신중하게 계획하고 지속적으로 수행한 결과다.

월터 크라이슬러Walter Chrysler는 평생 동안 저축한 돈을 차를 사는 데 썼다. 자동차 제조업에 뛰어들 생각이었던 그는 차에 대한 모든 것을 알아야 했다. 그가 수십 번이나 차를 분해했다가 다시 조립하자 친구들은 놀라며 그에게 정신적으로 문제가 생겼다고 생각했다. 그럼에도 불구하고 그는 꿋꿋하게 자신의 목표를 향해 나아갔고 자동차 업계에서 동시대 최고의 성공을 거둔 사람이 되었다.

크라이슬러의 이야기는 우리에게 희망을 준다. 교육을 거의 받지 못하고 가진 돈이 부족하더라도 좌절하지 않고 인생의 목표를 선택할 수 있다는 사실을 배울 수 있기 때문이다.

마리 퀴리Marie Curie는 라듐의 존재를 최초로 밝혀냈다. 알베르트 아인슈타인은 원자가 쪼개지면 엄청난 힘을 방출한다는 원리를 밝혀냈는데, 아인슈타인만큼 명확한 목표가 없었던 사람들은 그것이 불가능하다고 생각했다.

명확한 목표는 '불가능'이라는 단어를 무의미하게 만든다. 명확한 목표는 모든 성공의 출발점이다. 돈이 없어도, 대가를 치르지 않아도 누구나 이러한 목표를 얻을 수 있다. 필요한 것이 있다면 명확한 목표를 받아들이고 이를 활용하려는 자기주도성이다.

인생에서 원하는 바를 알고 이를 얻으려는 의지가 없다면, 자신이 나아갈 길을 알고 그 실행 계획을 세운 사람들이 남긴 부스러기밖에 얻을 수 없을 것이다.

성공을 믿으려면 마음을 목표에 대한 생각으로 온전히 채워야 한다. 원하는 바를 생각하고 계획을 세워라. 원치 않는 것에 대한 생각은 떨쳐버려라. 성공한 사람들이 따르는 실제 공식이 여기에 있다.

16

자기 주도성을 활용하라

지난주에 했어야 할 일을 내일로 미루는 습관보다 더 파괴적인 습관을 찾기는 어려울 것이다. 자기 주도성은 미루는 습관에 대한 유일한 해법이다. 성공한 사람들은 자기 주도성에 따라 생각하고 행동하는 이들이다. 행동에는 두 종류가 있다. 좋아서 하는 행동이 있고, 어쩔 수 없이 해야 하기 때문에 하는 행동이 있다.

우리는 부자이든 가난한 사람이든 모두 개인의 자유와 특권을 누릴 수 있는 나라에 살고 있다. 이는 자유 기업 체제의 사장 중요한 요소일 것이다.

자기 주도성은 매우 중요한 것으로 미국 헌법은 모든 시민의 이러한 권리를 보장하고 있다. 또한 잘되는 기업은 자기 주도성의 가치를 중요하게 여기고 이를 활용해 회사에 이익을 가져다주는 개인을 인정하고 적절히 보상한다.

앤드루 카네기는 젊은 시절에 피츠버그의 펜실베이니아 철도 회사의 부서장실에서 직원으로 일했다. 어느 날 아침 사무실에 출근했을 때, 그는 피츠버그 밖에서 심각한 열차 사고가 났다는 사실을 파악했다. 그는 전화로 부서장에게 그 소식을 알리려 필사적으로 노력했으나 연락이 닿지 않았다.

결국 그는 회사의 규정에 어긋난다는 사실을 알면서 상사의 이름으로 열차 차장에게 지시 사항을 타전했다. 그는 열차가 지연될 때마다 회사에 엄청난 손해가 발생한다는 사실을 알고 있었기 때문이다.

부서장이 몇 시간 후 사무실로 돌아왔을 때 그는 자신이 한 일에 대한 해명과 함께 놓인 사직서를 발견했다. 카네기의 것이었다. 그렇게 하루가 지났으나 아무 일도 일어나지 않았다. 그다음 날 카네기가 제출한 사직서 앞면에는 붉은 글씨로 이렇게 쓰여 있었다. 사표 수리 거부.

며칠 후 상사는 카네기를 사무실로 불러 말했다. "이보게, 앞서 가지 못하거나 그 어떤 일도 이루지 못하는 사람에는 두 종류가 있네. 하나는 시킨 일을 하지 않으려는 사람이고. 다른 하나는 시킨 일 외에는 절대 하지 않으려는 사람이네." 상사는 카네기가 한 행동이 철도 회사의 규정보다 더 가치 있다고 생각한 것이다.

몇 년 전 시카고의 조지 스테펙George Stefek은 보훈 병원에서 요양 중이었다. 누워 지내는 동안 그에게 아이디어 하나가 떠올랐다. 누구나 생각할 수 있는 단순한 것이었다. 그러나 중요한 사실은 스테펙이 퇴원하자마자 이를 행동에 옮겼다는 것이다. 그는 이를 통해 상당한 성과를 올렸다.

스테펙의 아이디어는 세탁한 셔츠를 빳빳하게 만드는 데 사용하는 세탁물 판지의 여백을 활용하는 것이었다. 스테펙은 판지에 광고 지면을 팔았다. 그 결과 그는 30퍼센트나 더 싸게 세탁소에 판지를 팔 수 있었고, 광고주들에게는 잠재 고객에게 다가갈 수 있는 새로운 수단을 제공했던 것이다. 이후 조지 스테펙은 아메리칸 셔츠보드 광고 회사를 차려 성공을 거뒀다.

테네시주 멤피스의 클래런스 손더스Clarence Saunders는 당시로서는 새로운 형태의 레스토랑인 카페테리아에서 스스로 음식을 가져다 먹기 위해 길게 줄을 선 사람들을 보았다. 그는 상상력을 발휘해, 셀프 서비스 개념을 식료품 사업에 적용할 계획을 세웠다.

그가 지역 식료품점 주인에게 그 아이디어를 설명하자, 주인은 그에게 식료품을 포장하고 배달하라고 월급을 주는 것이니 어리석은 아이디어에 시간을 낭비하지 말라고 했다. 손더스는 일을 그만두고 피기 위글리 스토어Piggy Wiggly Stores라는 식료품점을 창업하여 계획을 실행에 옮겼다. 그는 현대적인 슈퍼마켓의 시초인 그 아이디어로 수백만 달러를 벌었다.

창조주는 생각하는 힘을 온전히 우리에게 맡김으로써 우리가 자기 주도성을 통해 그러한 특권을 사용하도록 의도한 것이 틀림없다.

할 일을 미루는 사람들이 늘 써먹는 변명인 "시간이 없었다"는 말은 다른 변명을 모두 합한 것보다 더 많은 실패의 원인이 되었을 것이다. 앞서가며 성공의 발판을 만드는 사람들은 언제나 시간을 내서 발전이나 이득을 얻는 데 필요한 방향으로 자기 주도성에 따라 움직인다.

어떻게 자신의 능력을 보일 것인가

일상 업무에서 당신이 주로 수행하는 일은 당신이 가장 높은 이익을 내기 위해 팔려고 애써야 하는 상품이다. '가장 높은 가격'에 판다는 얘기가 아니다. 최고의 일자리가 항상 최고의 급여를 주는 것은 아닐 수도 있다. 승진 기회가 더 많은 일자리도 있고, 더 많은 배움의 기회를 주는 일도 있으며, 더 높은 자리에 오를 수 있도록 더 많은 경험을 제공하는 일자리도 있는 것이다.

일자리를 구할 때는 항상 장기적인 안목을 가져라. 당장의 생계보다는 기회를 찾아라. 여기 기회가 찾아오길 기다리지 않고 직접 찾아 나선 한 남자의 이야기를 소개한다.

동부의 한 공대를 졸업한 존 웨슬리 애슈턴John Wesley Ashton은 사업가가 제품 마케팅을 할 때와 같은 수완을 발휘해 자신의 서비스를 판매하기로 했다. 먼저 그는 자신이 원하는 지위와 연봉을 구체적으로 정했다. 그런 다음 여력이 닿는 대로 모든 일간지에 다음과 같은 문구의 광고를 냈다.

엔지니어링 분야의 고위 경영자 여러분, 공대 졸업자의 능력을 확인할 수 있도록 한 달간 무급으로 일을 시켜볼 생각이 있으십니까? 정직하고 믿음직하며 끈기 있는 유능한 직원이 여기 있습니다. 다른 직원들과 원만하게 지내면서 끝없는 열정을 발휘하는 호감 가는 성격, 시간을 엄수하는 정확성, 돈을 받는 만큼 배우고자 하는 지속적인 열정에 더해 최우수 성적으로 공대를 졸업한 학업 능력까지 갖췄습니다.

이 광고로 그는 무려 300개 이상의 콜을 받았다. 철강기업인 US 스틸의 한 고위 임원은 이렇게 전했다.

다음 주 수요일 뉴욕의 우리 회사 본사에서 만나세. 광고 문구

만큼 자네가 유능하다면 짐을 꾸려 가지고 나와 함께 우리 공장

한 곳을 방문할 채비를 하고 오는 게 좋을 걸세.

애슈턴의 이 독보적인 방식은 관심을 끌지 않을 수가 없었

다. 한 달간 무급으로 일한다는 조건은 기업 경영진에게 내민

도전장이었던 셈이다. 그는 일자리를 통해 무엇을 얻을지보다

자신이 할 수 있는 일을 보여주는 데 더 관심을 가졌다. 그는

잘난 척하는 것처럼 보이지 않으면서 한 달간 무급으로 일하

며 증명하고 싶은 자신의 능력을 잠재적인 고용주에게 전달한

것이었다.

철강 회사 임원과의 면접에서 애슈턴은 자신에 관한 모든

정보를 깔끔하게 정리한 가죽 장정의 책자를 내밀었다. 거기에

는 교육 수준, 시민단체 및 자선단체 활동과 취미, 대학 학보에

실린 자신에 관한 기사와 개인적인 정보 등이 담겨 있었다. 최

근에 찍은 사진과 추천인 명단도 포함되어 있었다.

애슈턴은 일자리를 얻었고 무급으로 한 달간 일하지 않아도

되었다. 상호 합의에 따라 첫 달 말에 자신의 능력을 입증해 보

인 후 연봉을 정하기로 했기 때문이다. 그렇긴 하지만 애슈턴

은 다른 회사가 제안한 것보다 연봉이 더 낮은 데도 그 제안을 받아들였다. 그가 맡은 직책에 거의 무한한 승진 기회가 있다는 것을 알았기 때문이다.

애슈턴의 이런 접근 방식은 어떤 분야에서 일자리를 찾든 간에 독창성을 발휘하는 것이 중요함을 일깨워준다. 상상력을 활용하라. 스스로 이런 질문을 해보라. 어떻게 하면 바쁜 임원의 관심을 끌 수 있을 것인가? 내가 제공하는 서비스의 가치를 어떻게 입증해 보이겠다고 말할 수 있을까?

단 과장하지 않도록 주의하라. 지킬 수 없는 약속은 하면 안된다. 과장하여 얻은 자리는 경력을 쌓는 데 불안정한 요소가될 뿐이다. 그보다는 약속한 것보다 더 많은 성과를 냄으로써 상사를 놀라게 하는 뜻밖의 즐거움을 선사하라. 그러면 더욱 높이 올라갈 수 있을 것이다.

경영자의 시각으로 바라보다

당신은 지금 판에 박힌 일을 하고 있다는 생각이 든다. 급여 인상이나 승진은 오래전 얘기다. 당신은 뭘 할 수 있을까? 먼저 상사의 관점에서 살펴보자.

고용주든 피고용인이든 인간의 속성은 똑같다. 나에게 동기를 부여하는 것은 상사에게도 마찬가지로 동기를 부여한다. 상사도 성공하고 싶어 하고 사업을 키우고 개인 소득을 늘리고 싶어 한다. 그렇지 않다면 자산 손실의 위험을 감수하면서 책상 앞에 앉아 에너지를 쏟기보다는 골프니 치러 밖에 나가 있을 것이다.

당신이 고용주의 노고에 보답하는 한 고용주는 당신을 승진시키고 급여를 올려주고 싶어 할 것이다. 당신이 고용주의 목표 달성을 돕는다면 고용주는 반드시 당신의 목표 달성을 도울 것이다. 그렇지 않다면 그런 사람 밑에서 일해서는 안 된다.

성공하기 위한 가장 확실한 방법은 당신에게 기대하는 일 이상으로 좋은 서비스를 더 많이 제공하는 것이다. 하루 할당량을 간신히 채우는 식이라면, 꼭 해야 하는 일만 하고 있다면, 회사의 발전에 아무런 관심이 없다면, 승진을 기대할 자격이 없다.

이제 무기력을 떨치고 그 틀에서 벗어나기 위해 본격적으로 행동해야 할 때인지도 모른다. 상사가 당신을 승진시키지 않을 거라는 생각에서부터 시작하라. 자신을 어필해야 한다.

더 높은 위치에 오르기 위해 당신의 능력을 보여줄 수 있는 모든 기회를 잡는 것부터 시작하라. 책임을 회피하지 말고 오히려 책임질 일을 찾아 나서라. 다른 사람들이 책임을 떠넘기면 의사 결정자는 당신이 되는 것이다. **리더십의 가장 중요한 특징은 바로 의사결정을 내리고 이를 위해 책임을 지는 적극적인 태도이다.**

원하는 일을 결정하고 이를 위해 스스로를 훈련하라. 사내 교육 프로그램을 활용하거나 지역 교육기관 또는 대학에서 제공하는 성인 교육 과정을 수강하라. 아니면 그러한 업무를 수행하는 법을 배우고 싶다고 솔직하게 상사에게 말하고 상사의 도움에 감사를 표할 수도 있다.

무엇보다도 상사의 관점을 염두에 두어라. 노력이 성공을 거두어 왔다면 언젠가 당신도 상사가 될 것이다. 상사와 마찬가지로 회사의 이익에 관심을 가져라. 상사의 눈으로 공장과 사무실, 매장을 둘러보라.

이러한 태도를 취할 때 경영진의 시각으로 바라보도록 마음을 훈련할 수 있을 것이다. 생산량 증대, 비용 절감, 매출 증가 및 수익 확대 등에 대해 생각하게 될 것이다. 또 목표를 달성하기 위한 아이디어가 넘쳐날 것이다.

열정과 상상력을 맘껏 발산하라. 새롭거나 과감하다는 이유로 아이디어를 두려워하지 마라. 부정적인 마음을 가진 사람들이 "아무도 해본 적 없는 일"이라는 말로 기를 꺾게 두지 마라. 아무도 해본 적 없기 때문에 하는 것이다.

지금 맡은 일부터 시작하라. 어떻게 하면 더 빠르고, 더 낫게, 더 효율적으로, 비용을 덜 들이고 할 수 있을까? 어떤 작업을 줄이거나 통합할 수 있을까? 어떤 변화를 통해 비용을 줄이고 더 나은 제품을 만들 수 있을까?

요즘 기업들은 거의 대부분 직원들의 브레인 파워를 활용하는 제안 시스템을 갖추고 있다. 이를 통해 자신의 아이디어를 상사에게 제안할 수 있다. 회사에 그런 시스템이 없다면 간단한 메모도 좋다.

그러나 승진하기 위한 노력에 진정성이 있어야 한다. 아첨꾼과 예스맨만한 사기꾼도 없다. 이러한 면을 스스로 테스트할 수 있다. 진심으로 회사를 도우려는 마음이라면 상사로부터 즉시 인정을 받든 못 받든 스스로 깊은 만족감을 즐길 것이다.

긍정적인 생각을 지녀라. 다른 사람을 끌어내려서는 성공할 수 없다. 동료에 대한 불평이나 비판이 담긴 아이디어는 거들떠보지 마라. 모두를 위해 새로운 일을 만들어 내고 더 높은 소득을 가져다줄 수 있는 그런 생각이어야 한다.

또한 실행 계획이 없는 아이디어는 주목할 가치가 없다. 괜찮은 아이디어가 있다면, 뭔가 해야 한다. 아이디어를 실행에 옮길 만한 위치에 있다면 당장 시도하라. 아니면 그런 위치에 있는 사람에게 가져가라. 그러나 시도해보지도 않고 썩히지는 마라.

행동하지 않으면 아이디어는 없었던 것이나 마찬가지다. 그리고 좋은 아이디어가 빛을 보지 못하게 만드는 것만큼 비극적인 일은 없다.

더 높은 위치에 오를 자격

캐롤 다운즈Carol Downes는 은행 창구 일을 그만두고 윌리엄 듀런트William Durant가 최근에 설립한 자동차 회사에서 일을 시작했다. 이 회사는 훗날 제너럴 모터스로 성장한다. 6개월간 일한 후 그는 자신에게 어떠한 승진 기회가 있는지 알아볼 때라고 생각했다. 그는 듀런트에게 자신이 어떻게 회사에 도움이 될수 있는지, 업무상 그의 최대 단점과 장점이 무엇인지, 그리고 마지막으로 '자신이 지금보다 더 높은 직책에 오를 만한 자격이 있는지'를 묻는 질문서를 가지고 갔다.

듀런트는 질문서를 들고 온 다운즈의 두둑한 배짱이 마음에 들었다. 그는 마지막 질문에만 이렇게 답을 적어 질문서를 돌려주었다. "당신을 우리 회사의 새로운 조립 공장에 기계류 및 장비 설치를 감독하는 업무에 임명한다. 단 승진이나 급여 인상을 보장하지는 않는다."

또한 듀런트는 다운즈에게 장비 설치 도면을 몇 장 주고는 이렇게 말했다. "이 지침대로 하면 되네. 이제 이걸로 자네가 뭘 할 수 있는지 보자고."

도면을 받아 본 다운즈는 곧 공학 교육을 받지 않고서는 도면을 읽을 수조차 없다는 사실을 알았다. 바로 여기서 그의 리더십 자질이 드러난다. 그는 자신의 역량 부족을 인정하는 대신 그 일을 할 적임자를 찾아냈다. 그것이 바로 리더십의 본질이다.

다운즈는 자신의 재량으로 엔지니어링 업체를 고용해 기계류 설치 감독을 맡기고 자비로 수수료를 지불했다. 그는 듀런트에게 예정보다 일주일 빨리 설치 작업이 완료됐다고 보고하기로 했다. 그런데 그를 만나러 가는 길에 임원진 사무실들을 지나치다 깜짝 놀라지 않을 수 없었다. 한 사무실 명패에 '캐롤 다운즈, 상무'라고 쓰여 있었기 때문이다.

듀런트는 그에게 상무로 승진이 되었으며 그에 맞게 급여액이 크게 늘어날 것이라고 말했다.

"자네에게 그 도면을 주었을 때 나는 자네가 도면을 못 읽는다는 걸 알았네." 그가 말을 이었다. "그러나 난 자네가 그 상황을 어떻게 해결할지 보고 싶었지. 그 일에 적임자를 찾아내는 자네의 문제 해결력은 훌륭한 임원의 자질이 있다는 것을 보여주고도 남았어. 일을 해내지 못하고 핑계거리를 들고 왔다면 자네를 해고했을걸세."

다운즈는 결국 백만장자가 되었다. 내가 마지막으로 그를 만났을 때 그는 은퇴한 상태였지만 사실상 1년에 1달러의 연봉만 받는 남부주지사회sga 고문으로 일하고 있었다. 그는 여전히 성실한 자세로 그 일을 꽤나 즐기고 있었다.

다른 사람들의 문제에 관심을 가져라

정상에 오르기까지 다른 사람의 도움을 받지 않는 이들은 거의 없다. 다른 사람들을 도우면서 정당하게 경쟁하는 것이야말로 페이플레이의 기본 법칙이다.

나의 경우를 예로 들면, 앤드루 카네기가 나에게 '성공학'의 확고한 이론 체계를 세워보라고 조언하면서 적극적인 도움과 지원을 주었을 때가 직업의 전환점이 되었다. 평생에 걸쳐 내가 연구한 것들을 사람들과 공유하는 것으로 수십 년 전에 나를 도와준 카네기에 대한 보답이 되었으면 좋겠다.

인생에서 성공하는 가장 확실한 방법 중 하나는 바로 다른 사람의 성공을 돕는 것이다. 사람은 누구나 자신보다 못한 사람들을 도울 수 있다. 진정으로 부유한 사람은 다른 사람을 위해 자신의 시간과 에너지를 내어줄 수 있는 사람이다. 그렇게 함으로써 더없이 풍요로운 사람이 된다.

성공의 정점에 이른 사람을 가리키며 "내가 저 자리까지 오르게 도와주었다"라고 말할 수 있는 때가 어쩌면 가장 뿌듯한 순간이 아닐까?

나보다 못한 누군가를 위해 노력하는 일은 상대가 나의 도움을 알아주든 아니든, 감사하든 아니든 간에, 결국 그를 돕는 것뿐만 아니라 자신의 영혼에 값진 자양분을 더하는 일이 될 것이다.

우리 자신뿐만 아니라 다른 사람을 위해서도 고난을 무릅쓰는 게 인간의 묘한 본성이다. 새파랗게 젊은 나이에 내가 어떻게 빚을 청산할 수 있었는지 기억난다. 나는 모든 의무에서 벗어났다. 만족스러웠다. 아니 그런 줄 알았다. 그렇지만 몇 달이 지나자 불안이 엄습했다. 무엇이 잘못됐는지 깨닫는 데는 시간이 좀 걸렸다. 나는 투쟁의 그 즐거움을 그리워하고 있었던 것이다.

그렇다고 해서 내가 일군 재산을 다 포기하고 처음부터 새로 시작하고 싶다는 의미는 아니었다. 자신의 삶과 씨름하느라 지친 이들의 짐을 덜어주고 그들이 좀 더 수월하게 성공에 다가갈 수 있도록 돕는 일에서도 그 못지않게 투쟁의 즐거움을 얻을 수 있다는 걸 알았다.

우리가 각자 다른 이들이 삶을 헤쳐 나가도록 돕는다면 세상이 어떻게 변할지 생각해보라. 마찬가지로 다른 누군가가 우리를 돕는다고 생각해보라.

타인을 돕는 것은 경제적으로도 이득이 된다. 필라델피아 최고의 상인인 존 워너메이커는 "기대하지 않았던 데서 유용한 서비스를 제공하는 것"이야말로 가장 유익한 습관이라고 말했다.

몇 가지 실례를 통해 다른 사람을 돕는 방법을 생각해볼 수 있다.

동부의 도시에서 상점을 운영하는 한 남자는 아주 간단한 방법을 통해 사업에 성공했다. 그는 직원들에게 상점 근처 주차 미터기를 수시로 확인해서 '주차시간 만료' 표시를 발견하면 미터기에 동전을 넣고 메모를 붙여놓게 했다. 주차 위반 딱지로 인한 불편한 상황을 겪지 않도록 도와드릴 수 있어 기쁘게 생각한다는 내용이었다. 많은 운전자들이 주인에게 감사를 표하기 위해 상점에 들렀고 물건을 샀다.

보스턴의 한 남성복 매장 주인은 자신이 판매하는 양복 주머니 안에 깔끔하게 인쇄된 카드를 넣어 놓는다. 양복이 마음에 든 구매자가 6개월 후에 카드를 매장으로 가져오면 넥타이와 교환할 수 있다는 내용이었다. 당연히 구매자들이 매장을 다시 찾았고 이때 또 다른 판매로 이어지는 경우가 많았다.

또 다른 예로는 버틀러 스토크Butler Stork가 있다. 그는 오하이오 주립 교도소 수감자 신분이었으나 자신이 할 수 있는 최선을 다한 끝에 20년 일찍 출소할 수 있었다. 스토크는 수감 중에 통신교육 학교를 설립해, 수감자나 주정부에 비용을 청구하지 않고 천 명이 넘는 수감자들에게 다양한 교육과정을 무료로 제공했다. 그는 국제 통신교육 학교에 교재를 기부해 달라고 권유하기까지 했다. 그의 계획은 널리 주목을 끌었고 스토크는 그 보상으로 자유를 얻었던 것이다.

일에 전념하라. 자신의 능력과 에너지를 평가하라. 누가 당신의 도움을 필요로 하는가? 이들을 어떻게 도울 수 있는가? 돈이 필수는 아니다. 필요한 것은 독창성과 진정 도움이 되고자 하는 강한 열망이다.

다른 사람들이 문제를 해결하도록 돕는 일은 결국 자신의 문제를 해결하는 데 도움이 될 것이다.

영감을 주는 일에 대한 보상

인생에서 성공하고 싶은 사람이라면 실패의 원인을 알아야 한다. 그렇지 않고서야 어떻게 함정을 피해 갈 수 있겠는가? 나는 인간관계에 대해 연구하면서 적어도 서른 가지 실패 요인을 찾아냈다. 그중 가장 큰 요인은 다른 사람들과 **조화롭게 지내는 능력의 부족**이다.

당대 최고의 부자로 꼽혔던 유명한 사업가가 자신이 고위 경영진으로 승진시킬 사람을 발탁하는 데 사용한 다섯 가지 기준을 나에게 말해준 적이 있다. 그 다섯 가지는 이렇다.

1. 대인관계 능력

2. 충성심

3. 신뢰성

4. 인내심

5. 뛰어난 업무 능력

업무 능력이 맨 마지막이라는 점이 주목할 만하다. 이는 업무 능력은 뛰어나더라도 다른 네 가지 특성이 부족할 경우 원하는 인재는 아니라는 의미이다.

앤드루 카네기는 일용직 노동자인 찰스 슈와브_{Charles Schwab}를 승진시켜 연봉 7만 5,000달러의 보직을 맡겼다. 그 금액은 당시로서는 어마어마한 액수였다. 게다가 슈와브는 한 해에 100만 달러의 보너스를 받기도 했다. 카네기는 그 연봉이 슈와브가 실제 제공한 서비스의 가치에 해당한다고 말했다. 보너스는 그가 다른 사람들에게 영감을 준 데 대한 보상이었다.

다른 사람들에게 영감을 불러일으키는 능력은 인생이라는 은행이 건네는 백지 수표와 같아서, 원하는 것은 무엇이든 채워 넣을 수 있다. 다음 몇 가지 규칙을 따라 수행하면 그러한 능력을 얻을 수 있다.

- 남들이 기대하지 않은 상황에서 친절한 말을 건네거나 유용한 도움을 주도록 노력하라.

- 상대방이 따뜻함과 우정을 느낄 수 있도록 목소리를 조절하라.

- 상대가 관심을 쏟을 수 있는 주제로 대화의 방향을 돌려라. 일방적으로 이야기를 전달하지 말고 '함께' 이야기하라. 대화하는 상대를 그 순간만큼은 세상에서 가장 흥미로운 사람이라 생각하며 대하라.

- 말할 때 자주 미소를 짓고 부드러운 표현을 써라.

- 어떤 상황에서도 절대 비속어나 외설스러운 말을 하면 안 된다.

- 종교적 견해나 정치적 의사는 혼자만 간직하고 있어라.

- 내가 도움을 준 적이 없는 사람에게 도움을 부탁해서는 안 된다.

- 잘 듣는 사람이 되어라. 다른 사람들이 자유롭게 말하고 싶게 만들어리.

- 낙관주의 한 움큼이 비관주의 한 트럭보다 가치 있음을 명심하라.

- 이런 기도로 하루를 마무리하라. "더 많은 것을 누리기보다 지금 가진 것을 더 현명하게 잘 누릴 수 있도록 더 많은 지혜를 주소서. 그리고 더 넓은 이해심을 주셔서 제가 오늘보다 내일

더 많은 도움이 될 수 있도록, 그들의 마음속에 더욱 의미 있는

존재로 자리 잡을 수 있도록 해주소서."

그가 나의 성공을 돕도록 하라

다른 사람의 지식과 능력, 영향력을 활용하는 법을 익히면 더 빠르고 확실하게 성공할 수 있다.

에디 리켄배커Eddie Rickenbacker(제1차 세계대전 시 미군의 에이스 전투기 조종사)는 자신이 가진 최대 장점은 바로 '우호적인 협력 정신으로 타인의 명석함을 활용하는 능력'이라고 믿었다.

"내가 가진 돈과 당신이 가진 돈을 서로 주고받는다 한들 달라질 것이 없지만, 서로가 가진 생각을 주고받으면 처음보다 두 배로 풍요로워진다. 따라서 팀워크는 우리의 정신적 자산을 무한대로 늘리는 수단이다."

두 명 이상이 함께 긴밀히 협력하면서 서로의 능력을 보완하고 지원하면 혼자서 이룰 수 있는 것보다 항상 더 많은 것을 이룰 수 있다. 오늘날 자유 기업 체제에서는 개별 기업보다 기업이 그룹을 이룰 때 최대 성과를 얻을 수 있다. 이때 타인의 도움을 구할 때는 공정한 거래를 해야 한다. 주는 것 없이 받으려 해서는 안 된다.

토머스 에디슨이 발명가로서 위대한 점은 공동 목표를 위해 각 전문 분야에서 자신보다 더 많은 지식을 지닌 개인들이 팀을 꾸리도록 한 그의 천재성에 있다.

일리노이주 세일럼에서 기계 공학자로 일하는 로이드 윅스 Lloyd Weeks는 기름 탱크를 제작하는 독창적인 아이디어를 구상했다. 그러나 이를 실행에 옮기려면 돈이 필요했다. 그의 이웃 가운데 성공한 치과의사가 있었는데 그는 윅스의 기계공학적 노하우에 대해서는 몰랐지만 모아 놓은 재산은 있었다. 두 사람은 사업 파트너가 되어 서로의 자원을 투자했고, 결국 각자 매달 수천 달러의 수익을 얻었다.

이처럼 사업 파트너끼리 수익을 나누는 것은 절대적으로 중요하다. 그렇지 않으면 팀은 금세 와해되고 말 것이다.

어느 날 저녁 헨리 포드는 공장을 둘러보다가 현장 청소부에게 말을 걸었다.

"자네 지금 일이 마음에 드나?" 포드가 물었다.

"네." 수위가 말했다. "하지만 이 금속 줄밥을 내다 버리는 대신 팔고 그 수익의 일부를 제게 주시면 더 좋을 것 같습니다."

포드는 그다음 날 청소부의 아이디어를 바로 실행에 옮겼다. 회사는 덕분에 상당한 금액을 절약할 수 있었고 수위는 승진했다.

성공하기 위해 무엇이 필요한가? 누가 그것을 갖고 있는가? 그 대가로 무엇을 내놓을 수 있는가? 아마 상대가 찾는 것이 바로 그 대가일 것이다.

그렇다면 자원을 끌어모아 성공의 과정을 더 수월하게 만들 수 있다. "백지장도 맞들면 낫다"라는 속담도 있지 않은가.

최고의 자산을 구하라

걱정에 사로잡혀 있을 때는 절대로 명확한 사고를 할 수 없다. 똑똑한 사람들은 이 사실을 알고 있다. 따라서 그들은 두려움과 걱정으로 판단력이 흐려지지 않은 사람들의 도움을 얻어 문제를 해결하려 한다.

대공황 초기에 존 콜리어John Collier는 문제가 있다며 사무실로 나를 찾아왔는데, 그는 걱정이 지나친 나머지 병이 날 정도였다. 하지만 사실 그는 답을 알고 있음에도 마음이 복잡해 미처 깨닫지 못하고 있었다.

콜리어는 보스턴의 신발 제조업자였다. 대공황이 시작되자 그의 어음 일부를 보유하던 은행이 그와 거래를 중단하고 장비를 압수했다. 그는 담보 없이는 대출을 다시 받을 수가 없었다.

몇 가지 간단한 질문을 통해 그에 대해 알 수 있었다. 그는 20년 넘게 사업을 성공적으로 운영해온 경험 많은 신발 제조업자였다. 그는 사업 초기에 단골 거래처를 확보했다. 또한 보스턴에서 명망 있는 교회의 집사였으며, 그의 가정생활은 행복했다. 나는 콜리어의 자산을 대략적으로 파악하면서, 그가 인생에서 가장 중요한 것들과 가치 있는 것들을 얼마나 많이 가지고 있는지 말했다.

"네, 압니다. 하지만 저는 파산했다고요!" 그가 대답했다.

"당신이 가진 것과 같은 자산을 가진 사람은 절대 파산하지 않습니다. 최고의 담보를 가진 셈이니까요." 내가 대답했다.

"하지만 은행은 그렇게 생각하지 않습니다."

"네, 은행은 아니죠." 내가 설명했다. "하지만 그렇게 생각하는 사람들을 찾아낼 다른 방법이 있습니다. 여기서 제가 제안을 하나 하겠습니다. 당신이 아는 유명인사, 재력가, 그리고 당신이 만든 신발을 구매한 상인들 열 명과 자리를 마련해서 다시 사업을 일으키는 데 필요한 돈을 빌려달라고 요청해보세요."

내가 말을 마치기도 전에 두려움으로 생기를 잃었던 콜리어의 눈동자가 반짝였다. 그는 미소를 지으며 주머니에서 노트를 꺼내 열심히 적더니 나에게 노트를 건넸다. 거기에는 다섯 명의 이름만 적혀 있었는데, 모두 그의 예전 고객이었다.

"저를 도와주러 올 다섯 명의 이름이 거기 적혀 있습니다." 그가 말했다. "수년간 저에게서 신발을 구매했던 사람들이죠. 제 상품을 알고 저와 제가 만드는 신발에 믿음이 있는 사람들입니다. 앞으로 저에게서 신발을 사 갈 때마다 모든 신발에 대해 추가 할인을 해준다고 약속하면 경제적 도움을 받을 수 있을 겁니다."

나는 콜리어에게 그가 세운 계획이 포드 자동차 회사 초창기에 헨리 포드가 실행한 계획과 같은 것이라고 설명했다. 포드는 자신에게서 자동차를 구매했던 사람들, 즉 딜러들로부터 필요한 운영 자금을 확보할 수 있었다.

"이제 모든 게 아주 분명해졌습니다." 콜리어가 말했다. "그런데 왜 당신을 만나기 전에는 이런 생각이 안 났는지 모르겠군요." 자신의 문제에 대한 해답을 이미 갖고 있던 수많은 사람들도 바로 이런 질문을 하며 의아해했다. 이는 다른 누군가가 말해줘야 비로소 깨달을 수 있기 때문이다.

콜리어는 보스턴으로 돌아갔다. 7개월 후 나는 그의 계획이 어떻게 진행됐는지 알려주는 편지를 받았다. 편지와 함께 배달된 것은 세련된 회중 시계였다. 거기에는 '나의 또 다른 자아로 나를 안내해 준 나폴레온 힐 씨에게'라는 글귀가 새겨져 있었다.

그 글귀는 모든 것을 설명해주었다. 내가 한 일은 두려움에 사로잡힌 콜리어의 마음을 풀어준 것밖에 없었다. 그렇게 그는 도움이 필요할 때 스스로를 불필요한 제약에 가둔 두려움에서 벗어날 수 있었던 것이다.

최고의 교훈은 다음과 같은 사실을 알게 될 때 얻게 된다. 즉, 우리가 가진 최고의 자산은 바로 스스로 문제를 해결하기 어려울 때 조언을 아끼지 않는 사람들의 도움을 얻어내는 능력이라는 것이다.

좋은 팀워크는 모두를 성공으로 이끈다

가정이나 직장, 그리고 사회 활동에서 협력은 반드시 필요하다. 이는 민주주의와 자유 기업 체제에서는 절대적으로 필요한 일이다.

협력에는 두 종류가 있다. 하나는 두려움이나 필요에 의해 협력하는 경우이고, 다른 하나는 자발적인 의지에 기반한 협력이다. 진정한 팀워크는 우호적으로 조화로운 노력을 이끌어내도록 적절한 동기를 부여할 때만 얻을 수 있다.

앤드루 카네기가 미국 산업을 진두지휘했던 시대로부터 수십 년이 지난 지금도, 의욕을 고취시키는 팀워크를 만들어내기 위한 그의 공식은 업계에서 여전히 견고하게 통용되고 있다. 그가 만든 시스템은 단순하다. 첫째, 그는 승진과 보너스를 통한 경제적 인센티브를 설정해, 개개인의 직무가 어느 정도 자신이 제공하는 서비스의 종류에 좌우되도록 했다. 둘째, 그는 공개적으로 직원을 질책한 적이 없었다. 다만 요령 있게 질문을 던짐으로써 직원 스스로 반성할 수 있게 했다. 셋째, 그는 임원들을 대신해 의사 결정을 내린 적이 없었다. 임원들 스스로 의사 결정을 내리고 그 결과에 책임을 지도록 했다.

카네기식 방법은 팀 구조에서 개별적 성취를 끌어올렸는데, 최고의 성공은 팀워크를 통해서만 얻을 수 있다고 생각했기 때문이다. 즉, 협력은 **주고받아야** 하는 것이다. 이기적인 리더들은 부하 직원의 협력을 잘 얻지 못한다. 사랑을 얻기 위해 먼저 주어야 하는 것처럼 협력 역시 먼저 주어야 하는 것이기 때문이다.

에디 리켄배커는 제2차 세계대전 중 공군에 복무할 당시 팀워크를 고취시켰다. 제1차 세계대전 중 그가 격추시킨 적군의 비행기만 26대였다. 그리고 제2차 세계대전 때는 그의 사례를 모범으로 삼아 팀 내에 공군단이 만들어졌는데, 이들은 기의

한 달 동안 뗏목 하나에 의지해 태평양을 표류하는 시련을 겪으며 무사히 복귀할 수 있었다. 팀워크 정신을 기반으로 그는 이스턴 항공Eastern Airlines을 설립하기도 했다.

철학자 윌리엄 제임스William James는 "타인에게 영향력을 발휘해 우호적인 협력을 얻어낼 수 있다면, 별 어려움 없이 원하는 것을 무엇이든 얻을 수 있다"고 말했다. 상당히 과감한 진술이지만 사실이다.

성공한 대기업의 경우를 보면 조직의 핵심 동력이 위에서 아래로 영감을 주는 팀워크라는 사실을 알 수 있다. 우승하는 스포츠팀을 보아도 어떤 한 개인에게 공을 돌리는 법이 없다. 노터데임대학교의 크누트 로크니Knute Rockne 코치는 팀워크를 발휘하게 하는 놀라운 능력을 보여줌으로써 당대의 전설로 남았다.

우호적인 팀워크를 이끌어내는 동기에 대해 제대로 이해하려면 예수의 산상수훈에 주목할 필요가 있다. 우호적인 협력을 얻어내는 데 황금률을 적용하는 것보다 더 나은 방법은 없다.

상호성의 법칙에는 부정적인 측면도 있다. 바로 보복의 법칙이 존재하기 때문이다. 이 두 법칙은 인간의 본성에 깊이 뿌리내리고 있다. 이를 통해 "사람이 무엇으로 심든지 그대로 거두리라"는 성경 구절의 의미가 보다 명확해진다. 다른 사람에 대해 또는 다른 사람을 위해 어떤 일을 하든 결국 자기 자신에게 돌아오기 때문이다.

팀과 잘 협력하면 팀은 당신을 성공으로 이끌 것이다.

겸손함은 패배를 축복으로 바꾼다

많은 사람들이 호감 가는 성격의 주요 요소인 겸손함을 소극적인 미덕으로 생각하는데 사실은 그렇지 않다. 겸손함은 매우 강력한 적극적인 미덕이다. 겸손함은 스스로를 위해 실행에 옮길 수 있는 힘이다. 정신적, 문화적, 물적인 면에서 인류의 위대한 진보는 모두 겸손함을 바탕으로 하고 있다.

겸손함은 진정한 유대 기독교의 철학(신학)에서 가장 중요한 요건이다. 마하트마 간디Mahatma Gandhi는 겸손함을 갖추었기에 인도를 해방시킬 수 있었다. 알베르트 슈바이처Albert Schweitzer는 겸손함 덕분에 아프리카인을 위한 더 나은 세상을 만드는 데 기여할 수 있었다.

겸손함은 목표에 상관없이 개인적인 성공을 이루는 데 절대적으로 중요하다. 정상에 오르고 나면 겸손함이 더욱더 중요하다는 사실을 알게 될 것이다. 겸손함이 없다면 절대로 지혜를 얻을 수 없다. 현명한 사람의 가장 중요한 특징 중 하나가 바로 "내가 틀렸다"라고 말할 줄 아는 능력이기 때문이다.

겸손함이 없으면 역경과 좌절이 닥쳤을 때 이른바 '동등한 이익의 씨앗'을 절대 찾아내지 못한다. 모든 좌절에는 이를 극복하고 넘어서는 데 도움이 되는 일이 따르기 마련이다. 예를 들어, 로버트 길모어 르투르노Robert Gilmour LeTourneau는 자동차 수리공장을 운영하다 실패한 후 도급업에 뛰어들었다. 후버 댐 프로젝트의 하도급 공사를 진행하던 그는 예상치 못한 단단한 암식층과 맞닥뜨렸다. 이 단단한 암석을 제거하는 데 상당히 애를 먹었고, 공사가 지연되면서 그는 가진 것을 모두 날리고 말았다.

그러나 르투르노는 다른 사람을 비난하거나 자신의 가련한 운명에 대해 불평하지 않았다. 자신이 가진 전부를 잃게 만든 자연의 위력을 탓하지도 않았다. 그는 오롯이 책임을 떠안았다. 일에 차질이 생길 때마다 그는 기도로 평온을 찾았다. 주님이 인도하여 주시기를 기도하던 중 그는 지난 좌절에서 '동등한 이익의 씨앗'을 찾게 되었다. 그는 암석이나 흙을 제거할 수 있는 기계를 제작하는 사업에 뛰어들기로 했다.

그 결과 르투르노 토공기계가 이제 전 세계에서 사용되고 있다. 르투르노는 몇 개의 기계 제작 공장을 소유하고 있으며 수백만 달러에 달하는 재산을 모았다. 그러나 겸손에 관한 그의 이야기는 여기서 끝이 아니다. 그는 자신이 받은 도움에 대한 감사의 표시로 르투르노는 그의 수입 대부분을 교회에 헌납했고 개인 시간의 대부분을 평신도 설교에 바쳤다.

때로 겸손함은 패배를 영적 축복으로 바꾸기도 한다. 몇 년 전에 나는 노스캐롤라이나의 화이트빌에 사는 사업가 리 브랙스턴Lee Braxton을 만나러 갔는데, 바로 그날 그는 수년 동안 절대적으로 신뢰했던 동업자의 과실로 엄청난 경제적 손해를 입게됐다는 사실을 알게 됐다.

"그동안 얼마나 많은 사업을 성공적으로 운영했습니까?" 내가 물었다.

"전부 15개쯤 됩니다." 브랙스턴이 말했다. "화이트빌의 퍼스트 내셔널 뱅크까지 합해서요. 그중에 단 한 푼이라도 손해를

본 사업은 없습니다. 그래서 정말 괴롭군요. 제 자존심에 상당히 타격을 입었습니다."

"잘됐군요." 나는 그에게 말했다. "성공가도를 달릴 때만큼 실패가 찾아왔을 때에도 당신은 강인한 사람이라는 사실을 알게 될 겁니다. 이번 일을 겪고도 겸손함과 이미 가진 부에 대해 감사하는 마음이 여전히 남아 있다면 손실은 큰 축복입니다. 그러면 예전보다 더욱 성공할 수 있을 테니까요." 내가 그에게 말했다.

브랙스턴의 얼굴은 미소로 환히 빛났다. "맞아요. 그렇게는 생각해보지 않았네요." 그가 말했다.

몇 달 후 나는 브랙스턴의 편지를 받았다. 수입이 그동안의 손실을 만회하고도 남을 정도로 최고치를 찍었다는 내용이었다. 겸손함이 가진 긍정적인 힘에는 한계가 없다.

먼저 스스로에게 확신을 가져라

당신이 하는 말의 내용과 방식은 매우 중요하다. 우리는 말하는 방식, 사용하는 어휘, 아이디어와 생각을 전달하는 방식 등으로 평가받는다. 그러나 무엇을 말하느냐보다 어떻게 보이느냐가 다른 사람들에게 말의 내용만큼 혹은 그 이상으로 강렬한 인상을 남길 때가 많다. 우리 자신에게도 그렇다. 타인이 우리를 어떻게 보느냐와 우리가 자기 자신을 어떻게 보느냐는 원하는 성공을 거두는 데 매우 중요하다.

미국에서 크게 성공한 한 세일즈맨은 차 트렁크 안에 값비

싼 골프채를 넣고 이곳저곳을 돌아다닌다. 그는 평생 골프를 쳐본 적도 없지만, 판매를 방해하는 장애물을 골프채로 얼마나 화끈하게 날려버리는지 알면 놀랄 것이다.

그는 사람들에게 골프를 치는 데 상당한 시간을 보낼 수 있을 정도로 매우 성공했다는 인상을 준다. 골프 경기에 초대받으면 그는 언제나 밴더모건스Vandermorgans나 로커빌츠Rockerbilts와 선약이 있다고 둘러대면서 위기를 모면했다.

사기? 기만? 사칭? 그렇지 않다! 그는 자기 분야에서 가장 성공한 세일즈맨이다. 성공적인 세일즈를 위해 그는 자아를 적당히 부풀릴 필요가 있었고, 그로 인해 피해를 보는 사람은 아무도 없다. 그리고 그는 물건을 팔지 않는가!

개인적으로 나는 그런 식으로 나 자신을 부풀릴 절박한 필요를 느껴본 적은 없으며 여러분도 아마 그러리라 생각한다. 그러나 그럴 필요가 있다면 나는 맡은 일을 제대로 하기 위해 그 어떤 것도 감수할 수 있다. 아마 내가 그 세일즈맨보다 더 잘할 것이다.

각계각층에 달하는 수천 명의 사람을 상대하면서 나는 인간의 자아는 매우 까다로운 것이며, 자신의 본성과 과거 경험에 따라 다양하게 우회적인 방식으로 영향을 받는다는 사실을 알게 됐다.

　나는 속임수를 써서 누군가를 다치게 하거나 그 어떤 방식으로든 누군가를 이용하라고 권할 생각은 추호도 없다. 그렇지만 공포와 가난 콤플렉스에 사로잡힌 많은 이들이 그러한 부담을 덜도록 자아를 속이게끔 도와주는 데는 누구보다 먼저 발 벗고 나설 것이다.

　생명보험 세일즈맨으로 일하는 한 제자는 8캐럿짜리 다이아몬드 반지를 끼고 다닌다. 그가 잠재적인 구매자를 상대할 때 그 반지가 일종의 요술 지팡이처럼 그에게 자신감을 심어주기 때문이다. 그는 한 뮤추얼 생명보험 회사에서 최대 실적을 올리는 사람 중 하나다.

　어느 날 그는 다이아몬드 반지 세공을 다시 하려고 한 보석상을 찾아갔다. 세공 작업에는 며칠이 걸렸다. 그동안 그는 평소보다 더 열심히 일했지만 실적이 신통치 않았다. 그는 잠재 구매자와 대화를 시작할 때면 반지가 없는 손가락을 내려다보았고 그러면 마음속으로 "그는 계약을 안 할 거야. 안 할 거야"라는 말이 들리는 것 같았다고 했다.

　그 내면의 소리가 맞았다. 판매가 전혀 되지 않았던 것이다. 그러나 세공을 맡겼던 반지를 받아 끼자마자 그는 첫날부터 여섯 차례의 상담에서 여섯 건의 판매 실적을 올렸다.

만약 내가 손가락에 8캐럿짜리 다이아몬드 반지를 낀 채로 사람들 앞에 서게 된다면 그런 내 모습을 너무나 의식한 나머지, 대단한 행동을 하기는커녕 실망스러운 일이 일어나지는 않을까 생각할 것이다. 그러나 보험회사 직원처럼 인위적으로라도 자존감을 북돋워 줌으로써 정신적 자극을 얻는 사람에게는 이런 방식을 권할 것이다.

자존감을 북돋워 주는 가장 효과적인 방법 중 하나는(모두가 자존감을 북돋워 줄 필요가 있다) '선두주자'가 될 만한 사람을 정해서 그의 성취를 따라잡거나 추월하는 것이다. 그 사람을 자신의 성취를 평가하기 위한 기준점으로 활용하라.

사이가 좋은 배우자와 같은 목표를 향해 나아간다면 자아에 강력한 자극원이 될 수 있다. 그러한 동맹의 힘은 생각보다 훨씬 빠르게 당신을 성공으로 이끌어갈 힘을 만들어낸다.

당신과 맞는 사람들과 어울린다면 가까운 동료는 당신의 자아에 엄청난 '활력소'가 될 수 있다. 주변 사람들 때문에 의기소침해지거나 맥 빠지는 일이 없어야 한다. 그들이 당신을 격려하고 끌어올리게 하라.

당신의 자아에는 때때로 자극이 필요하다. 자신에게 동기를 부여하는 데 효과적인 방법은 뭐든지 해라. 자존감을 북돋워 주기 위해 싸구려 보석이 필요하다면 사라. 다른 사람에게 해가 되지 않고 당신에게 도움이 되는 일이라면 하는 게 맞다. 스스로에게 만족감이 들면 당신이 만나는 모든 사람들도 똑같이 느낀다. 당신이 다음에 만나는 바로 그 사람이 당신에게 엄청난 성공의 사다리를 놓아줄 사람일 수도 있다.

PART 3

성공은 더 큰 성공을
끌어당긴다

정신 차리고 긍정적인 자신을 마주하라

알래스카의 육군 공병들이 열심히 다리를 짓고 있었다. 강은 꽝꽝 얼어붙었고 공병들은 얼음을 이용해 중앙 교대를 지지하고 있었다. 얼음이 녹기 전에 중앙 철제 빔을 제 위치에 끼워 넣지 못하면 큰 낭패였다.

철제 빔은 펜실베이니아 제철소에서 제작되어 현장까지 먼 거리를 운반되어 왔다. 뿐만 아니라 지독한 악천후로 수송이 늦어져서 공병대가 일을 마칠 시간은 며칠밖에 없었다. 마침내 철제 빔이 도착하고 공병대가 제 위치에 들어 올려 끼워 넣었으나, 철제 빔의 길이가 몇 인치 정도 짧다는 사실을 알게 되었다.

날은 점점 더 따뜻해지고 있었고 제철소는 수천 마일 떨어진 곳에 있었다. 해결하기 불가능한 상황이라고 생각하는가? 리더십의 자질을 갖춘 긍정적인 사람에게는 아니었다. 한 육군 공병이 재빨리 제철소에 전화를 걸었고 제철소에서는 정확한 규격의 빔 생산에 들어갔다. 제철소 담당자도 불가능이란 말을 무의미하게 만들어버리는 리더십의 자질을 갖추고 있었던 모양이다. 엄청난 속도로 제작된 철제 빔들은 두 명의 자재 공급 담당자의 지시에 따라 밤낮없이 이송 작업을 하는 데 최우선 순위를 두고 알래스카로 신속히 보내졌다.

철골들은 알래스카에 하역된 후 임시로 세운 교대 밑의 얼음이 부서지기 정확히 3분 전에 정확히 제자리에 맞춰 끼워졌다. 결단력이 있는 사람들뿐만 아니라 자신이 원하는 것을 정확히 알고 기준에 못 미치는 것과는 절대 타협하지 않는 조용한 조력자들이 있었기에 가능했던 일이다.

명확한 목표를 가진 사람들이 사용할 수 있는 힘이 있다. 그들은 이러한 힘을 통해 광대한 우주에 명확한 질서와 목표를 부여하는 불변의 법칙의 도움을 받는다.

에이브러햄 링컨의 위대함은 그릇이 작은 사람이라면 영혼이 잠식당했을 법한 문제에 직면했을 때 최고로 빛을 발했다. 링컨은 젊은 시절 실패와 좌절, 역경을 겪으면서 보통 사람과 비교할 수 없을 정도의 지성을 갖추게 되었다. 그는 상황이 어렵고 성공의 길이 보이지 않았을 때 포기하기는커녕 오히려 더욱 의지를 불태우는 보기 드문 사람이었다.

이는 진정 위대한 사람의 특성이다. 실패했을 때 다른 데 관심을 돌리는 식으로 포기하거나 마음을 바꾸는 것은 누구나 할 수 있다. 대부분의 사람들은 힘든 상황이 닥치면 이렇게 행동한다. 아마 그런 이유로 인생에서 실패는 넘쳐나는데 성공은 그토록 드문 것인지도 모른다.

거울 속에 보이는 것은 진정한 자신이 아니라 그 배경일 뿐이다. 더 높은 성공을 이루고자 하는 포부가 있다면 당신의 몸에 사는 위대하고 강력한, **긍정적인 자아**에 더욱 익숙해져야 한다. 이러한 자아는 당신이 원하는 모든 즐거움을 만들어낼 수도 있고, 마음의 평화와 행복에 필요한 모든 물질적 부를 가져다줄 수도 있으며, 질병 없는 신체를 만들어줄 수도 있다.

당신의 몸에 살고 있으나 눈에 보이지 않는 그 실체는 당신의 지시를 아주 사소한 부분까지 수행할 수 있지만, 당신이 주도적으로 인생에서 원하는 바를 알려줘야 한다. 당신의 긍정적인 자아의 입장에서는 당신이 자유 행위자이며 당신에겐 원하는 목표로 이러한 자아를 안내할 특권이 있다.

어느 시대에나 불가능한 일을 해내는 '천재'들은 결코 많지 않았다. 그런 천재들을 만나보면 그들이 자신의 긍정적인 자아와 만나, 완벽한 믿음을 갖고 명확한 목표를 향해 나아가는 사람임을 알게 될 것이다.

나는 감사하게도 지난 반세기 동안 미국이 낳은 가장 성공한 수백 명의 사람들과 일하며 친분을 쌓을 수 있었다. 이들은 모두 긍정적인 자아의 힘으로 성공을 이룬 사람들이다.

긍정적인 자아의 주인이 되면 당신이 어떤 수준의 성취를 바라든 당당하게 성공의 광선에 올라탈 수 있을 것이다.

당신은 마음먹은 대로 해낼 수 있다

마음속으로 무슨 생각을 하고 믿든지 당신은 해낼 수 있다!

만물의 창조주는 당신에게 단 한 가지에 대한 불변의 통제권을 주었다. 바로 당신이 바라는 대로 마음을 훈련할 수 있는 특권이다.

마음가짐은 성격 전체에 영향을 주어 당신이 주로 생각하는 상황이나 일, 사람들을 끌어들이게 만든다. 많은 사람들이 자신의 인생을 실패로 이끌며 고달픈 생활, 몸과 마음의 병, 가난에 찌든 삶을 살아가는 것은, 결국 마음에 이리한 생각이 들어

오게 내버려두기 때문이다.

과학자들은 거의 모든 현상을 분석하며 파헤치고 설명했으나, 강한 믿음으로 다져진 마음이 신념으로 발전해 명확한 목표를 향할 때 만들어내는 기적에 대해서만큼은 예외였다.

우리는 두 개의 봉투를 갖고 이 세상에 태어나는데, 그 내용은 우리 자신만이 알 수 있다. 한 봉투에는 마음이 지닌 힘을 인식하고 그것의 주인이 되어 우리가 선택한 목표를 향해 나아감으로써 얻는 이득과 부에 관한 내용이 들어 있다. 다른 봉투에는 우리의 무지나 무관심 등으로 정신력의 길잡이 역할을 소홀히 할 때 받는 벌에 관한 내용이 들어 있다.

우리 인간의 특이한 점 가운데 하나는 바로 비극이나 실패 또는 불운이 닥쳐야 비로소 긍정적인 마음가짐의 힘을 깨닫는다는 사실이다.

위스콘신주의 포트 앳킨슨에서 농사를 지으며 살아온 밀로 존스Milo Jones는 어느 날 중풍에 걸린다. 그러나 그때 그는 마음의 힘이 근육의 힘보다 훨씬 크다는 것을 알게 되었다. 그는 입에 풀칠하기도 어려웠던 농장에서 '새끼 돼지' 소시지 아이디어로 엄청난 부자가 되었다. 이는 오늘날 누구나 알고 있는 존스 팜Jones Farm 제품의 시초가 되었다.

믿음을 가질 수 있다는 것은 가장 큰 잠재적 자산이다. 그러나 긍정적인 태도를 유지하는 습관을 갖기 전까지는 이러한 능력을 활용하거나 그로부터 이득을 얻을 수 없다. 우리가 나약한 존재가 되는 것은 우리 스스로 불안해하는 상황을 만들기 때뿐임을 기억하자. 그리고 당신의 전적인 동의나 협력 없이는 그 누구도 당신을 화나게 하거나 두려움에 떨게 할 수 없다.

당신의 마음가짐은 당신이 맺는 관계가 당신의 삶과 균형을 이루게 함으로써 원하는 것을 얻게 하는 수단이다.

미국적 생활 방식과 자유 기업 체제는 자신에 대한 **믿음**을 가지고 스스로의 마음가짐을 통제한 사람들이 만들어낸 산물이다. 믿음을 지닌 사람들은 문명의 선구자이자 산업을 일으킨 주역이며, 제국의 창시자요, 만물의 창조주가 우리에게 베푼 은혜를 드러내주는 사람들이다.

정말이다. 마음속으로 무슨 생각을 하고 믿든지, 당신은 해낼 수 있다!

성공과 끌어당김의 법칙

'부익부 빈익빈'이라는 말이 있다. 어떤 사람들은 엄청나게 성공하고 어떤 사람들은 비참한 실패를 하게 되는 원리에 대해 연구하면서 나는 이 말이 옳다는 사실을 더욱 깨닫게 되었다.

성경에는 이렇게 기록되어 있다. "무릇 있는 자는 받아 풍족하게 되고 없는 자는 그 있는 것까지 빼앗기리라."(마태복음 25장 29절)

재산은 쓰기 위한 것이지 쌓아두기 위한 것이 아니다. 가진 게 뭐든 쓰지 않으면 헛되이 사라질 것이다.

이 우주에서 영구적인 것은 단 하나밖에 없다. 바로 모든 것이 변한다는 사실이다. 단 한순간도 그대로 머물러 있는 것은 아무것도 없다. 우리의 육체조차 놀라운 속도로 변해 간다.

몇 푼 더 벌려고 버둥거릴 때에는 도움이 되는 사람을 찾기가 거의 불가능하다. 그러나 어느 정도 성공해 더 이상 도움이 필요하지 않을 때에는 주변에 도와주겠다는 사람들이 줄을 선다.

이른바 조화로운 끌어당김의 법칙을 통해 사람은 끼리끼리 모이는 법이다. 성공은 더 큰 성공을 끌어당긴다. 실패는 더 많은 실패를 끌어당긴다. 살면서 우리는 성공이든 실패든 우리를 앞으로 나아가게 하는, 빛의 속도로 달리는 광선의 수혜자나 희생자가 된다. 관건은 실패가 아닌 성공의 광선을 타는 것이다.

어떻게 하면 될까? 간단하다. 긍정적인 마음가짐을 받아들이면 역경에 휘둘리기보다는 자신의 운명을 스스로 만들어갈 수 있다.

당신의 마음은 생각과 열망과 희망을 가지고 목표를 향해 인생을 이끌어갈 수 있는 힘을 타고났다. 마음은 그 누구도 건드리지 못하는, 우리 스스로 완벽히 통제할 수 있는 유일무이한 대상이다. 그러나 이러한 특권을 받아들여 쓰지 않으면 가혹한 벌을 받는다는 사실을 기억하라. 우리가 물질적으로 정신적으로 또는 영적으로 무엇을 가졌든 쓰지 않으면 잃어버리고 만다.

먼저 인생에서 얻고자 하는 지위를 스스로 명확히 정의하라. 그런 다음 스스로에게 말하라. 나는 할 수 있다. 나는 지금 할 수 있다. 그러한 목표에 도달하기 위한 단계를 계획하라. 한 번에 하나씩 실천하다 보면 한 단계씩 나아갈 때마다 다음 단계가 더욱 쉬워지며 점점 더 많은 사람들이 당신에게 이끌려 최종 목표를 실현하게끔 도울 것이다.

명심할 것은 가만히 있으면 안 된다는 사실이다. 성공을 향해 위로 올라가야 한다. 아니면 실패를 향해 아래로 떨어지는 길밖에 없다. 선택은 오로지 당신의 몫이다.

미래를 두려워하지 않는 마음

낙관주의는 정신적 습관의 문제다. 낙관적인 습관을 들이는 법을 익힘으로써 성공 가능성을 높일 수 있다. 그렇지 않으면 비관주의와 실패의 나락으로 자신을 몰아넣을 수 있다.

낙관주의는 호감 가는 성격의 중요한 특성이다. 그러나 이는 유머 감각, 희망찬 태도, 두려움을 극복하는 능력, 만족감, 긍정적인 마음가짐, 유연성, 열정, 믿음, 결단력 등 주로 다른 특성에서 비롯된다.

언제 닥칠지 모르는 나쁜 일들을 걱정하기보다는 매일 몇 분이라도 내일, 다음 주, 다음 달, 내년에 일어날 즐거운 일을 떠올려보라! 이런 생각을 하다 보면 그것들을 실현하기 위한 계획을 세우고 있는 자신을 발견하게 될 것이다. 그렇게 함으로써 낙관적인 습관이 생기게 된다.

어떤 위대한 리더나 성공한 사람도 비관주의자였던 경우는 없다. 그런 리더가 자신의 추종자들에게 절망이나 패배 이외에 다른 무엇을 약속할 수 있겠는가? 미국 남북전쟁과 같은 암울한 시기에도 에이브러햄 링컨과 로버트 리Robert Lee 장군 같은 양 진영의 리더들은 더 나은 미래에 대한 믿음을 갖고 있었다.

프랭클린 루스벨트의 타고난 낙관주의는 대공황이 한창일 때 실의에 빠진 국민에게 새로운 희망의 기운을 불어넣었다. 히틀러, 스탈린, 무솔리니, 마오쩌둥 등 악명 높은 리더들도 영감을 불어넣는 문구로 추종자들을 결집시켰다. "(오늘은 독일이 우리의 것이지만) 내일은 전 세계가 독일의 것이다"라고 했던 히틀러나, "(노동자가) 잃을 것은 족쇄뿐"이라는 공산당 선언을 인용한 스탈린이나, "새로운 아시아"를 구상한 마오쩌둥의 경우가 그랬다.

인류 역사상 최고의 사회적, 경제적, 정치적 시스템 아래 살면서 그러한 리더들보다도 낙관적인 태도가 부족한 리더를 군이 따를 필요가 있는가?

물리적인 세계의 규칙이 어떻든 간에 인간관계에서는 끼리끼리 만나게 되어 있다. 성공이 더 많은 성공을 끌어들이듯이, 낙관주의자는 낙관주의자들과 어울리는 경향이 있다. 비관주의자들은 말이나 행동 없이도 걱정과 문제를 일으킨다. 이들의 부정적인 태도가 자석처럼 이런 불행을 끌어들이기 때문이다.

낙관주의는 그 자체로 일종의 성공이다. 건강하고 평화로우며 만족한 마음일 때 이러한 태도가 나오기 때문이다. 대단히 부유한 사람도 끊임없는 비관주의로 궤양을 얻었다면 신체적으로는 실패한 것이라 볼 수 있다.

낙관주의는 미래의 일들이 저절로 잘 해결될 것이라는 비현실적인 믿음으로 판단력을 잃은 마음 상태가 아니다. 그런 생각은 어리석은 사람이나 하는 것이다. 낙관주의는 앞날을 생각하고 건전한 판단력을 바탕으로 행동 방침을 결정함으로써 일이 잘 풀리게 할 수 있다는 굳건한 믿음이다.

1928년 대호황이 정점에 이르렀을 때 (그리고 그 이후에도 몇 차례), 버블이 터질 수 있음을 믿으려 하지 않은 거짓 낙관주의자들이 있었다. 이들은 인플레이션과 투기가 위험 수준에 이르고 있다고 경고한 선견지명이 있는 '비관주의자'들을 조롱했다.

그러나 경기가 바닥을 치자 '낙관주의자'들은 궁지에 몰렸다. 많은 사람들은 패배 속에서 승리를 이끌어 낼 정신력이 부족했으며, 결국 자신이 진정한 비관론자임을 드러냈다. 두려움 없이 정직하게 앞을 내다본 사람들은 공매도 등의 수법을 통해 큰돈을 벌 수 있었다. 이들은 진정한 낙관주의자로 밝혀졌다.

당신도 그런 낙관주의자가 될 수 있다. 미래를 직시하는 법을 배우고 이를 분석하라. 명확한 판단력으로 여러 요소들을 고려하라. 그런 다음 당신이 원하는 대로 상황이 흘러가도록 행동 방침을 정하라. 미래를 두려워할 이유가 전혀 없다는 사실을 알게 될 것이다.

마음가짐을 통제하라

마음가짐은 항상 인생의 갈림길에 서 있다. 성공의 길을 갈 수도 있고 실패의 길을 갈 수도 있다. 우리를 성공이나 실패로 이끌고, 우리에게 마음의 평화를 가져다주거나 아니면 매일같이 고통 속에 살게 만드는 그 한 가지는 바로 우리가 가진 특권, 즉 우리 마음의 주인이 되어 원하는 목표를 향해 나아갈 수 있는 그 특권이다.

당신의 마음가짐은 우호적인 협력의 분위기 속에서 사람들을 당신 쪽으로 끌어당기거나 쫓아버리는데, 이는 당신의 마음가짐이 긍정적이냐 부정적이냐에 따라 달라진다. **어느 쪽이 될 것인가는 오로지 당신만이 결정할 수 있다.**

마음가짐은 기도를 통해 어떤 결과를 얻을지 결정하는 가장 중요한 요인일 것이다. 깊은 믿음이 바탕에 깔린 마음에서 나오는 기도만이 긍정적인 결과를 가져올 수 있다.

마음가짐은 상품이든 개인적인 서비스든 설교든 아니면 아이디어든, 모든 판매 기술의 기본적인 요소이다. 부정적인 마음가짐이 있는 사람은 아무것도 팔 수 없다. 구매를 원하는 사람으로부터 주문을 받을 수는 있겠지만 실제 판매가 이루어지기는 어렵다. 고객 만족에 신경 쓰지 않는 매장의 직원들에게서 이러한 모습을 본 적이 있을 것이다.

성공한 세일즈맨은 잠재 고객을 만나기 이전부터 세일즈에 나선 자신의 모습을 시각화함으로써 마음을 다잡는다. 그는 잠재 고객에게 판매하려면 자기 자신부터 설득할 수 있어야 한다는 마음가짐이 필요하다는 것을 알고 있다.

마음가짐은 삶에서 차지하는 공간, 이루어내는 성공, 사귀는 친구, 후대에 기여하는 바 등 거의 대부분을 좌우한다. 시인 윌리엄 어니스트 헨리William Erneste Henley가 다음과 같은 글을 남긴 것을 보면 이 위대한 진실을 이해한 것이 분명하다. "나는 내

운명의 주인이요, 내 영혼의 선장이다." 정말로 우리는 자기 마음의 주인이 되어 명확한 목표로 마음을 이끄는 데까지 스스로의 운명을 지휘하는 선장이 되는 것인지도 모른다.

마음가짐은 다음과 같은 다양한 요인에 의해 통제될 수 있다.

- 모든 인간 활동의 시발점인 근본적인 동기를 바탕으로 명확한 목표를 달성하고자 하는 열망. 이 중 가장 일반적인 세 가지는 사랑, 섹스, 그리고 경제적 이득에 대한 욕망이다.
- 긍정적인 마음가짐을 가지고 있으면서, 이를 바탕으로 생각하고 행동하도록 영감을 주는 사람들과의 친밀한 관계.
- 자기암시. 마음은 계속 자기암시를 통해 명확한 지시를 받다가 이러한 지시가 요구하는 것들을 현실로 끌어들인다. 마음속으로뿐만 아니라 입으로 소리 내서 반복해야 잠재의식을 설득할 수 있다.
- 더 많은 것을 바라기보다는 이미 누리는 것들에 대해 감사하는 기도를 매일 드려라. 그리고 현재의 부를 더 잘 사용할 수 있도록 더 많은 지혜를 구하라. 이러한 습관이 가장 중요하다. 이것이야말로 당신의 종교적 믿음을 최고로 끌어 올려주고 당신이 어떤 목표를 선택하든 이를 달성하는 데 도움이 될 수 있

기 때문이다.

당신 안에는 당신이 지시하기만 하면 어떤 서비스도 수행하는 거인이 잠자고 있다. 어느 날 아침, 잠에서 깨어 성공의 광선에 올라탄 자신을 발견했을 때, 큰 성공을 거두기 위한 자질을 이미 갖추고 있었다는 것을 왜 더 일찍 알지 못했을까 궁금해질 것이다.

걸림돌을 디딤돌로 삼으라

부정적인 마음가짐이 성공을 가로막고 있는가? 그렇다면 변화가 필요할 때이다.

부정적인 사고방식을 가진 사람은 어떠한 문제나 장애 요인을 극복할 수 없는 것으로 생각한다. 반면에 긍정적인 사람은 장애 요인을 극복할 방법을 찾을 뿐만 아니라, 이를 사실상 디딤돌로 바꾸어 놓는다.

루이지애나에서 대규모 토지가 매물로 나온 적이 있었다. 입찰자는 단 두 명이었다. 그중 한 명은 인접지를 소유한 사람이었는데, 그는 낮은 입찰가를 써냈다. 상당 면적의 토지에서 대나무가 자라고 있어서, 사실상 쓸모없는 땅이라고 생각했기 때문이다. 다른 입찰자는 그 두 배 가격을 써냈다. 높은 가격을 써낸 사람이 당연히 땅을 손에 넣었다. 그리고 그는 대나무로 낚싯대를 만들어 팔아 토지 대금을 지불할 수 있을 만큼 충분한 돈을 벌었다!

이처럼 긍정적인 사람은 성공의 기회를 끌어당기는 반면, 부정적인 사람은 기회를 쫓아내 버린다. 게다가 기회가 생겨도 제대로 활용하지도 못한다.

프랭크 울워스Frank Woolworth는 철물점 직원으로 일을 시작했다. 어느 날 철물점의 연간 재고 조사를 해보니 너무 낡아서 사실상 쓸모없는 상품이 수천 달러에 달한다는 것을 알게 됐다.

"바겐세일을 해보죠." 그는 점주에게 제안했다. "이 구닥다리 잡동사니들을 모두 팔아치우는 겁니다."

점주는 그 의견에 바로 퇴짜를 놓았다. 그러나 긍정적인 마음가짐을 가진 사람들이 항상 그렇듯이 울워스는 점주를 설득했다. 그의 끈덕진 설득에 못 이겨 마침내 점주는 아주 오래된 품목 몇 가지로 일단 시작해보자는 데 합의했다.

그들은 매장 중앙의 긴 테이블에 물건들을 올려놓고 모두 10

센트에 팔았다. 물건들이 순식간에 팔려나가자 울워스는 두 번째 세일을 진행해도 좋다는 허락을 받아냈고 이 역시 엄청난 인기를 끌었다.

그런 다음 그는 점주에게 자신이 관리를 맡고 점주가 자금을 대는 식으로 파트너십을 맺어 싸구려 잡화상을 여느 게 어떻겠느냐고 제안했다.

"안될 말이야." 점주가 소리쳤다. "5센트나 10센트짜리 상품을 충분히 구하기는 어려울 걸세."

울워스는 혼자 그 계획을 밀고 나갔고 결국 엄청난 돈을 벌어들이면서 자신의 이름이 들어간 대형 체인점을 설립했다. 몇 년 후 그 거래에 대해 얘기하면서 울워스의 예전 상사는 후회 가득한 표정으로 말했다. "울워스의 제안을 거절하는 바람에 수백만 달러를 날린 셈이지."

부정적인 마음가짐에는 두려움, 우유부단함, 의구심, 미루는 습관, 짜증 내는 성격, 분노 등 여러 특징이 함께 따라오는데, 이런 성격은 사람들을 밀어내고 좋은 기회를 물리친다. 긍정적인 마음가짐은 믿음, 열정, 자기 주도성, 자기 훈련, 상상력, 명확한 목표 등의 특성을 동반하며 이런 특성은 다른 사람들과 좋은 기회를 함께 끌어들인다.

어떻게 하면 긍정적인 마음가짐을 유지할 수 있을까? 어떤 계획이나 목표를 실행할 때 '할 수 있다'는 생각을 실천에 옮기고 '그건 안 된다'는 생각을 극복하면 가능하다.

습관의 힘에 맡겨라

모든 성공과 실패는 당신이 만든 습관의 결과이다. 습관에는 두 가지 유형이 있다. 명확한 목적을 위해 의도적이고 자발적으로 기르는 습관과 체계적인 사고방식 없이 우연한 상황에 의해 생겨난 습관이다. 두 가지 유형 모두 일단 습관이 되면 자동적으로 실행된다. 둘 다 위대한 보편 법칙, 이른바 '우주적 습관의 힘'에 의해 직접 통제된다.

우주적 습관의 힘은 모든 자연 법칙을 포괄하는 총괄 관리자이다. 이를 통해 자연은 원자와 별과 행성, 계절의 변화, 질병과 건강, 삶과 죽음 간 기존의 관계들을 유지한다. 자연은 기존 상태를 체계적이고 자동적이며 질서 정연하게 유지한다. 별과 행성은 정확히 완벽한 타이밍에 따라 움직이며, 시공간에서 제각기 자기 위치를 유지한다.

참나무는 항상 도토리에서 싹이 나고 자라며 소나무는 솔방울을 통해 번식한다. 자연은 실수하는 법이 없으며, 도토리에서 소나무가 자라게 하거나 솔방울에서 참나무가 자라게 하지 않는다. 이는 누구나 아는 사실이다. 그러나 우연히 이런 일이 일어나는 것이 아니라는 사실을 인식하고 있는가? 뭔가가 그렇게 되도록 만들었다! 바로 습관을 고정시켜 영구적으로 만드는 것과 같은 힘이다. 창조주는 인간만이 스스로의 바람에 따라 습관을 만들 수 있는 특권을 허용한다.

우리 모두는 습관에 지배된다. 이런 습관은 반복적인 생각과 경험을 통해 굳어진다. 따라서 생각을 통제할 수 있는 한 운명과 삶의 방식을 통제할 수 있는 것이다. 우리는 필요와 욕구에 따라 습관을 형성하도록 생각과 행동을 이끌어야 한다. 누구든지 성공으로 이끄는 좋은 습관을 정하고 이를 사용할 수 있다. 누구나 의지만 있으면 나쁜 습관을 깨고 좋은 습관으로 대체할 수 있다.

인간을 제외한 모든 생명체의 습관은 이른바 '**본능**'에 의해 고착된 것이며, 이는 그들을 벗어날 수 없는 한계에 갇히게 만든다. 창조주는 인간에게 그 누구도 넘볼 수 없는 생각에 대한 완전한 통제권을 주었을 뿐만 아니라, 이를 원하는 목표로 이끌어갈 수 있는 수단을 함께 주었다.

창조주는 또한 우리에게 생각이 그와 유사한 물리적 실체 또는 등가물로 나타나도록 또 다른 특권을 주었다. 바로 생각을 현실로 만드는 능력이다.

이는 심오한 진리이다. 이 능력을 통해 당신은 지혜의 문을 열어 질서 잡힌 삶을 살 수도 있다. 성공에 필요한 이러한 요소들은 통제할 수 있다. 정신력을 다스리고 이를 원하는 명확한 목표로 이끄는 사람들에게 주어지는 보상은 엄청나다. 그러나 그렇게 하지 않는 데 따르는 처벌 역시 그 못지않게 크다.

우주적 습관의 힘이 기적을 일으키지는 않는다. 무에서 유를 창조하려 하지도 않으며 어떤 과정을 따라야 하는지도 제시하지 않는다. 그러나 개개인이 자연스럽게 생각을 행동으로 바꿔나가도록 도움을 줄 뿐만 아니라 그렇게 만들기도 한다.

습관을 재정비하고 새로운 습관을 들이기 시작할 때 성공 습관을 만들어라. 무엇을 바라든 그 열망에 매일매일 생각을 집중함으로써 성공의 광선에 몸을 실어라. 머지않아 이런 새로운 생각과 습관은 당신을 틀림없이 부와 명예로 이끌 것이다.

정확히 사고하라

사고의 힘은 당신이 완벽히 통제할 수 있는 유일한 것이다. 이 힘을 효과적으로 사용하려면 정확히 사고해야 한다.

정확한 사고를 하는 사람들은 다른 사람이 대신 생각하도록 두지 않는다.

성공한 사람들에게는 정확히 의사결정에 도달하는 명확한 시스템이 있다. 이들은 정보를 수집하고 다른 사람들의 의견을 모으지만 결국 의사결정의 특권은 자신이 행사한다.

정확한 사고는 두 가지 근본 원칙에 기초한다. 알려지지 않은 사실이나 가정에 대한 추론을 기반으로 한 귀납적 추론이 있고, 알려진 사실이나 사실로 믿어지는 것들을 기반으로 한 연역적 추론이 있다.

정확한 사고를 하는 사람은 항상 두 가지 중요 단계를 밟는다. 첫째, 이들은 확인할 수 없는 허구나 소문을 사실과 구분한다. 둘째, 이들은 사실을 중요한 것과 중요하지 않은 것의 두 종류로 구분한다. 중요한 사실은 목표 달성에 도움이 되도록 이용할 수 있는 사실이다. 그 외 다른 사실들은 쓸모가 없다.

많은 사람들이 별 도움도 안 되는 소문과 중요하지도 않은 사실을 근거로 생각하면서 고통과 실패가 기다리는 삶을 산다는 것은 비극이다. 정확한 사고를 하는 사람은 다른 사람이 제시한 '의견' 중에는 무가치한 것들이 있으며, 옳다고 받아들였다가는 위험해지는 경우마저 있다는 것을 안다. 이런 의견들은 편향과 편견, 편협함, 자기중심주의, 두려움, 어림짐작 등에 근거한 경우가 많기 때문이다.

정확한 사고를 하는 사람은 "사람들이 그러던데" 같은 진부한 표현으로 대화를 시작하는 사람의 말을 귀담아듣지 않는다. 보나 마나 시답잖은 얘기일 것임을 알기 때문이다. 정확한 사고를 하는 사람은 믿을 만한 사실을 근거로 삼아 의견을 제시한다는 것을 안다. 이런 원칙을 갖고 있으면 이른바 통념의 상당 부분을 쓸모없는 것으로 버리게 될 것이다.

정확한 사고를 하는 사람은 친구나 타인으로부터 얻는 '무료 조언'은 고려할 만한 게 아니라는 걸 알고 있다. 조언이 필요하면 믿을 만한 출처를 찾아 어떤 식으로든 그 대가를 지불한다. 가치 있는 것은 무상으로 얻을 수 없다는 사실을 아는 것이다.

정확한 사고를 하는 사람들은 감정이 항상 믿을 만한 것은 아님을 안다. 이들은 이성의 힘과 논리의 법칙을 통해 감정을 면밀히 살피고 따져봄으로써 감정에 휘둘리지 않는다.

제임스 듀크James Duke는 정규 교육을 받은 적도 없고 글쓰기를 배운 적도 없었으나 예리하고 정확한 사고력으로 전 세계 최고 부자의 반열에 올랐다. 그는 사소한 문제나 중요하지 않은 사실들과 씨름하느라 시간을 낭비하는 법이 없었다. 그는 사실을 확보하고 나면 재빨리 결정을 내렸다.

어느 날 그는 오랜 친구를 만나 자신은 담배 가게 2,000개를 열 거라고 말했다. 듀크의 말에 친구는 충격을 받았다. "내 파트너와 나는 고작 두 군데 담배 가게를 하면서도 골치가 아픈데 2,000개라니. 실수하는 거야, 듀크."

"실수라고!" 듀크는 소리쳤다. "나는 평생 실수를 저질렀어.

그리고 나에게 도움이 된 것이 있다면, 실수를 했더라도 결코 감추려 하지 않았다는 거야. 나는 계속해서 더 많은 실수를 저지르겠지."

듀크는 자신의 담배 가게 체인점을 열었고 이는 일주일에 수백만 달러가 오가는 사업이 되었다. 그는 듀크 대학을 설립하는 데 수백만 달러를 지출했는데, 이는 그가 빠르고 정확하며 올바른 의사 결정을 통해 축적한 재산의 극히 일부에 지나지 않는 금액이었다.

앨버트 허버드Elbert Hubbard는 임원이란 '수많은 의사결정, 그것도 올바른 의사결정을 내리는 사람'이라 정의한 적 있다.

확실히 정확한 사고는 그와 밀접한 특성인 최고 수준의 자기 훈련을 요한다. 신속하고 정확한 의사결정은 모든 분야에서 성공의 가장 중요한 초석이 된다. 진정한 성공이란 대담하고 정직한 자기 훈련 없이는 얻을 수 없는 것이다.

육감을 활용해본 적이 있는가

상상력은 두 가지가 있다. 하나는 종합적인 상상력으로, 알려진 생각, 개념, 계획 또는 사실들을 새롭게 배치해 결합하는 방식이다. 다른 하나는 창의적인 상상력이다. 이는 육감을 통해 움직이며 새로운 사실이나 아이디어를 드러내는 수단으로 작용한다. 또한 영감의 매개이기도 하다.

토머스 에디슨은 잘 알려진 두 원리를 새롭게 결합하는 종합인 상상력을 활용해 백열전구를 발명했다. 에디슨의 시대한참 이전에, 빛이 전기 에너지를 전선으로 흘려보내 단락을 일으키는 식으로 전기를 만들 수 있다는 사실이 이미 알려져 있었다. 그러나 회로의 금속이 빨리 타버리지 않게 할 방법을 찾아낸 사람은 아무도 없었다.

에디슨은 숯을 굽는 원리를 적용했다. 즉, 나무에 불을 붙인 뒤 흙으로 덮어서 산소 공급을 줄여 불이 활활 타오르지 않고 서서히 타게 하는 원리였다. 에디슨은 산소 없이는 아무것도 태울 수 없다는 원리에서 아이디어를 얻어, 병 안에 전선을 설치한 다음 모든 공기를 빼냈다. 그런 다음 돌출된 전선에 전기를 흘려보내 백열전구를 만든 것이다!

메릴랜드주 체비 체이스에 사는 엘머 게이츠Elmer Gates 박사는 창의적인 상상력의 좋은 예를 보여준다. 그는 에디슨보다 더 많은 특허를 가지고 있었다. 특허의 대부분은 그가 고도로 발전시킨 육감을 응용하여 완성되었다.

그는 방음 처리가 된 방에 틀어박혀 불을 완전히 끄고 모든 자극원을 차단함으로써 바라던 정보를 얻는 데 집중했다. 육감을 통해 정보를 얻으면 그는 불을 켜고 즉시 종이에 적었다. 신기하게도 그가 찾던 것과 다른 아이디어가 떠오르는 경우도 있었다. 덕분에 그는 수많은 발명품을 완성할 수 있었다.

오감은 우리가 물리적 세계와 접촉하게 하고 그 속성을 활용할 수 있게 해준다. 그러나 잠재의식을 통해 작용하는 육감은 우주의 보이지 않는 힘과 소통하게 해준다. 다른 방식으로는 얻을 수 없는 지식을 이용할 수 있는 것이다.

창의적인 비전을 통해 육감을 주기적이고 체계적으로 활용하면 오감과 마찬가지로 더욱 신뢰할 수 있게 된다. 크게 성공한 사람들은 다들 마음을 훈련하는 나름의 체계를 갖고 있다. **자신이 하는 일을 의식하지 않고** 하는 경우도 있다.

마이애미 비치에 호화로운 퐁텐블로 호텔을 설립하게 된 것도 창의적인 비전 덕분이었다.

1940년에 마이애미에 도착한 호텔 경영자 벤 노박Ben Novack은 수중에 1,800달러밖에 없었으나 아름다운 리조트 호텔을 짓겠다는 꿈이 있었다. 이 호텔은 나중에 전 세계에 안락과 휴식의 대명사로 알려지게 된다. 얼마 안 되는 자원과 열정을 현명하게 관리함으로써 노박은 투자자들에게 자신의 꿈을 펼쳐 보였고, 명확한 목표에 집중하며 창의적인 비전을 일에 접목해 꿈을 현실로 만들었다.

래브라도에 사는 모피 사냥꾼 클래런스 버즈아이Clarence Birds-eye는 우연히 얼어붙은 양배추를 맛보았다. 그 경험을 살려 그는 자신의 이름을 딴 급속 냉동식품을 판매하겠다는 아이디어를 냈다.

당신은 벤 노박과 클래런스 버즈아이처럼 창의적인 비전을 통해 꿈을 실현하고 있는가?

해결하려는 문제나 달성하고자 하는 목표를 명확하고 간략히 정리하는 것은 육감을 활용하는 매우 효과적인 방법이다. 기도하듯이 이 내용을 하루에 몇 번씩 반복해 말하라. 명확하고 강력한 믿음을 가지고 기도해야 하는데, 이때 당신은 이미 목표를 달성한 자신의 모습을 볼 수 있을 것이다.

이러한 방법이 처음부터 원하는 결과를 가져다주지 않더라도 계속하라. 아직 실제로 이루지는 못했더라도 매번 목표를 이미 달성한 것처럼 감사를 표하라.

성공의 핵심 비결은 당신이 성공할 것이라 믿는 능력에 있다. 마음속으로 무슨 생각을 하든지 해낼 수 있다는 것을 기억하라.

36

한 가지 목표에 자신을 쏟아부으라

가장 성공한 사람들은 여러 분야에 노력을 분산시키기보다는 한 번에 한 가지에 집중하는 습관을 들인다.

실패했을 때, 실패를 순순히 받아들이고 그 원인을 찾는 데 집중하면, 그 원인이 되는 행동을 반복하지 않을 수 있다.

실패의 책임에서 벗어나기 위해 변명을 지어내거나 다른 사람에게 책임을 전가하려고 하지 마라. 이는 실패를 구하는 기도를 하는 것이나 마찬가지다. 다시 실패를 불러들이는 셈이기 때문이다.

집중력은 다른 귀중한 자산, 즉 믿을 만한 기억력을 얻는 데 도움이 된다.

한 유명 작가는 한 잡지의 청탁을 받고 유명 건축가 프랭크 로이드 라이트Frank Lloyd Wright와의 인터뷰 기사를 쓰기로 했다. 인터뷰는 2시간 동안 진행됐는데 로이드는 기자가 아무런 메모도 하지 않는 데 화가 나서 그 이유를 따져 물었다.

"저는 메모를 하는 중입니다." 기자가 대답했다. "노트북과 펜 없이 기억력을 활용해 메모하는 훈련을 해왔거든요."

다음 날 라이트는 자신이 인터뷰에서 했던 말들을 아주 상세하고 정확히 기록한 원고를 건네받았다. 놀랍게도 토씨 하나까지 똑같았다.

집중하는 습관은 귀 기울여 듣는 데 도움이 될 뿐만 아니라 보고 듣는 것을 기억하는 데도 유용하다. 몇 분 전에 소개받은 사람의 이름을 잘 기억해내지 못하는 이유는 대부분 처음에 이름을 들었을 때 집중하지 못했기 때문이다.

제임스 팔리James Farley는 그가 만난 사람들의 이름을 거의 완벽히 기억한다고 알려져 있다. 그에게는 나름의 체계가 있었다. 누군가를 소개받으면 그는 이름의 철자를 말해달라고 상대에게 요청했다. 아니면 이름을 듣고 나서 그 이름을 되묻고 철자를 쓴 다음 그 사람에게 그것이 맞는지 묻곤 했다.

앤드루 카네기는 이렇게 조언한 적이 있다. "모든 계란을 한 바구니에 넣어라. 그리고 누군가가 발로 차서 넘어뜨리지 않는지 지켜보라." 그러한 집중력을 통해 그는 미국 최고 철강회사인 US 스틸을 세웠다.

엄청난 성공을 거둔 사람은 누구나 한 가지 목표에 자신이 가진 모든 것을 쏟아부으며 시작한다. 목적지에 도달할 때까지 외길을 고집한다. 그런 다음에는 새로운 목표를 수립해 확장해 나가기도 한다.

당신의 집중하는 습관은 어떠한가? 인생의 확실한 목표를 알고 있는가? 목표 달성을 위한 명확한 계획이 있는가? 그렇다면 다음 단계는 흔들림 없는 굳은 의지로 그 목표와 계획에 집중하는 것이다.

당신의 유일한 한계는 당신 스스로의 마음속에 있을 뿐이다. 한계를 극복하는 데 집중하면 아무것도 당신을 막을 수 없다.

37

편견의 창살을 치워라

열린 마음은 자유로운 마음이다. 새로운 생각, 개념, 사람들에게 마음을 닫아버리면 문을 걸어 잠그고 스스로의 정신을 가두는 꼴이다.

편협함은 양날의 검과 같아서 잘못 휘둘렀다가는 기회와 소통이 차단된다. 마음을 열 때는 상상력이 자유롭게 발휘되도록 하라. 비전을 개발하는 것이다.

사람들이 라이트 형제의 비행 실험을 비웃었던 것이 100년도 채 되지 않은 일이다. 찰스 린드버그Charles Lindbergh가 대서양을 비행기로 횡단하기 위해 후원자를 찾아 나섰던 것도 그리 오래된 이야기가 아니다. 비전을 지닌 그들이 달로 날아갈 수 있을 것이라 예측했을 때 그 예측이 실현되리라 생각한 사람은 거의 없었다. 오늘날 조롱거리가 되는 것은 오히려 비웃었던 사람들이다.

닫힌 마음은 정적인 성격의 특징으로, 발전의 기회를 지나쳐 버림으로써 이를 전혀 활용하지 못하게 만든다.

열린 마음을 가질 때 비로소 성공학의 첫 번째 원칙이 제시하는 효과를 충분히 이해할 수 있다. 즉 마음속으로 무슨 생각을 하고 믿든지 해낼 수 있다는 것이다. 열린 마음을 타고난 사람은 비즈니스, 업계, 그 어떤 분야에서든 눈부신 성과를 거두지만 닫힌 마음을 가진 바보는 "불가능!"을 외치기만 한다.

자기 자신을 잘 살펴봐야 한다. 당신은 "할 수 있다"거나 "해낼 것이다"라는 말을 하는 사람인가 아니면 다른 누군가가 해내는 바로 그 순간에도 "아무도 못해"라는 말을 하는 사람인가?

열린 마음을 갖기 위해서는 나 자신, 나와 같은 사람들, 그리고 우리와 우리 우주의 발전 패턴을 설계한 창조주에 대한 믿음이 필요하다.

미신의 시대는 갔다. 그러나 편견의 그림자는 변함없이 어둡다. 자기 자신의 성격을 면밀히 살펴봄으로써 빛으로 걸어 나올 수 있다. 감정과 편견 대신 이성과 논리에 따라 의사결정을 내리는가? 다른 사람의 주장을 귀 기울여 주의 깊게 유심히 듣는가? 전해 들은 얘기와 소문보다 사실을 추구하는가?

인간의 마음은 새로운 생각의 자극에 끊임없이 노출되지 않으면 시들어버리고 만다. 전쟁 중에 세뇌 기술을 사용했던 이들은 사람의 의지를 가장 빨리 꺾는 방법이 책과 신문, 라디오, 텔레비전, 그리고 다른 정상적인 지적 소통 채널을 모두 차단하여 마음을 고립시키는 것임을 알았다. 그런 상황에서 인간의 지성은 양분 부족으로 죽는다. 아주 강한 의지와 순수한 믿음만이 이를 구할 수 있다.

당신이 사회문화적으로 스스로를 마음의 수용소에 가둔 것은 아닌가? 당신이 스스로를 세뇌해 마음을 고립시키고 성공에서 멀어지게 만든 것은 아닌가?

그렇다면 당신의 지성을 가두는 편견의 창살을 치워버릴 때가 왔다. 마음을 열고 자유롭게 하라!

38

실패를 축복으로 바꾸는 힘

실패는 때로는 축복이 된다. 어떠한 목표는 계획대로 실행되었을 경우 곤란한 상황이 발생하거나 심지어 파멸을 불러올 수도 있다. 그러한 목표가 없어지는 것은 축복에 가깝다. 그런 실패는 때로 새로운 기회의 문을 열어 현실을 제대로 직시하게 해주기도 한다. 또한 결점이 무엇인지 드러내고 허영심에 찬 사람들이 자만심에서 벗어나게 도와준다.

영국인들은 찰스 콘월리스Charles Cornwallis 대주교가 미국에 항복하며 식민지 독립을 선언했을 때 엄청난 굴욕감과 실패감을 겪었다. 그러나 그렇게 독립하지 않았더라면 미국은 양차 세계 대전 중 대영제국을 멸망에서 구해낼 힘을 갖지 못했을 것이다.

미국 독립 전쟁은 수십 년 동안 남부 주들을 가난으로 몰아넣었다. 그러나 보상법에 따라 이제는 북부 산업을 남부로 매우 빠르게 이전하는 식으로 예산의 균형을 맞춰 해묵은 원한을 풀어가고 있다. 그에 따라 전후 자존심과 재산에 입은 피해를 복리로 지급받는 식으로 상쇄하는 것이다.

보상은 그 효과가 매우 광범위하고 오래 기억되며 갚아야 할 빚을 해결하는 좋은 방법이다. 언젠가는 모든 부채를 청산하고 모든 잘못을 바로잡아야 한다. 전체 공동체뿐만 아니라 개인 간에도 마찬가지다.

나는 부자였던 종조부가 가까운 친척들에게는 재산을 남기면서도 유언장에 내 이름조차 언급하지 않은 것에 돌이킬 수 없는 상실감을 느꼈다. 그러나 이는 좌절과 실패를 통해 내게 찾아온 수많은 축복 중 하나가 되었다. 유산을 한 푼도 받지 못한 나는 스스로의 힘으로 경제적 운명을 개척해야 했고, 그렇게 해서 운 좋게도 전 세계 수많은 이들을 위한 성공 철학을 정립할 수 있었다.

육체적인 건강이 나빠지면 모든 관심이 몸에서 마음으로 이동하면서 우리의 진정한 '주인'이 밝혀지고, 다른 방식으로는 몰랐을 다양한 기회가 열리기도 한다.

실패가 사람들에게 미치는 영향은 보통 두 가지 중 하나다. 더욱 노력하도록 도전 정신을 일깨우거나, 아니면 기를 꺾어 포기하게 만들거나.

대다수의 사람들은 희망을 버리고 실패의 첫 조짐이 보이면 그 여파가 미치기도 전에 지레 포기해 버린다. 그리고 꽤 많은 사람들이 아무리 사소한 것일지라도 단 한 번의 실패에 겁을 먹고 단념한다. 반면에 리더의 자질이 있는 사람은 실패에 굴하지 않고 오히려 더 큰 노력을 위한 계기로 삼아 열정을 불태운다.

실패에 스스로 어떻게 대응하는지를 보면 리더십의 자질이 있는지를 알 수 있다. 주어진 일에 세 번 실패한 후에도 계속 도전할 수 있다면 현재 직업에서 리더 역할을 맡을 자질이 있다고 봐야 할 것이다. 십여 번을 실패하고도 계속 도전할 수 있다면 천재성의 씨앗이 당신 안에서 싹트고 있는 중이다. 희망과 믿음의 빛을 비추며 각자 위대한 성취로 자라나는 모습을 지켜보라.

자연은 역경이라는 펀치를 날려 누가 다시 일어나 싸울 준비를 하는지 지켜보는 것 같다.

우리가 그것을 도전으로 받아들이고 계속 노력한다면 세상은 우리의 실수와 일시적인 좌절에 대해 관대하게 용서할 것이다. 하지만 힘들다고 그만두는 죄에 대해서는 용서가 없다.

39

패배에서 배워라

모든 역경과 모든 실패와 모든 불쾌한 경험은 전화위복으로 드러나게 될 그와 동등한 혜택의 씨앗을 품고 있다.

실패와 좌절은 이들을 겸손하게 만드는 자연의 공통 언어이며, 이를 통해 우리는 지혜와 지식을 얻을 수 있다.

한 현자는 실패나 좌절을 경험해보지 않은 사람과 함께 목표를 향해 나아가는 것은 불가능할 것이라는 말을 한 적이 있다. 또한 그는 역경과 좌절을 만나 이를 극복하는 사람과 거의 같은 비율의 사람들이 성공을 거둔다는 사실을 발견했다.

그는 진정으로 위대한 성취는 50세 이상의 사람들이 얻는다는 또 다른 중요한 사실을 발견했다. 그는 두뇌 활동이 가장 활발한 나이가 60세에서 70세 사이라는 말도 했다.

에이브러햄 링컨은 아주 어릴 때 어머니를 여의었다. 누군가는 "거기에는 동등한 이익의 씨앗이 없다"라고 말할지도 모른다. 그러나 어머니를 잃은 링컨은 새어머니에게 감화되었고 야망을 불태우며 교육을 통해 출세 가도를 달릴 수 있었다.

마셜 필드Marshall Field는 시카고 대화재로 자신의 매장을 포함하여 전 재산을 잃었다. 연기가 피어오르는 잿더미를 가리키며 그는 말했다. "바로 이 자리에 저는 세계 최대의 매장을 세울 겁니다." 현재 시카고의 스테이트 앤 랜돌프 거리에 서서 위용을 뽐내는 마셜 필드 앤 컴퍼니Marshall Field and Company는 모든 역경에는 그와 동등한 이익의 씨앗이 있음을 증명해주고 있다. 때로는 그 씨앗을 발견하고 싹을 틔워 이익의 꽃을 활짝 피우기 위해 용기와 믿음, 상상력이 필요하지만 이익의 씨앗은 언제나 그 자리에 있다.

예를 들어, 86세에 수억 달러의 재산을 모은 세계 최대의 석유 시추업자 마이클 베네덤Michael Benedum의 경우를 생각해보자.

성공의 비결을 묻는다면 마이클 베네덤은 이렇게 말할 것이다. "상황이 어려울 때도 계속 전진하는 법을 배웠습니다." 그는 처음에는 잘못된 조언을 받아들여 큰 손해를 보는 바람에 거의 돈을 벌지 못했다.

하지만 베네덤은 중요한 교훈을 얻음으로써 좌절을 성공으로 바꾸어 놓았다. 그것은 중요한 결정을 내릴 때에는 자신의 판단을 믿어야 한다는 것이다. 마침내 그는 "계속 전진하면서" 지금까지 사용한 전체 석유량을 뛰어넘는 새로운 매장량을 발견했다.

그는 필리핀에서 상당한 석유 매장량을 발견하는 데 실패하면서 다시 역경에 부딪혔다. 하지만 베네덤은 이를 딛고 일어서며 말했다. "다 예상했던 일입니다. 아무데서나 석유를 발견할 수는 없는 노릇이죠. 그럴 수 있다면 석유 시추업자가 왜 필요하겠습니까."

미국 사회는 역경을 딛고 명성과 부를 이룬 사람들의 사례로 가득하다. 신체적 질병과 장애조차도 당신을 가로막지 못한다. 프랭클린 루스벨트와 시어도어 루스벨트Theodore Roosevelt, 헬렌 켈러, 토머스 에디슨이 바로 그 증거다.

웨스트버지니아주 모건타운 출신의 리처드 데이비스Richard Davis는 탄광업에 뛰어들었다가 대공황 때 집과 가구 등 모든 것을 잃고 말았다. 하지만 그는 파산 신청을 하지 않았다. 그는 그동안 지켜낸 자신의 평판이 최대 자산이라는 것을 알았다. 이를 발판 삼아 그는 역경의 시험대를 통과하며 엄청난 빚을 모두 갚았다.

나아가 데이비스는 모건타운의 데이비스-윌슨 석탄 회사 사장으로서 엄청난 재산을 보유하면서, 세계 평화를 위해 싸우는 리더로 인정받았다.

실패할 때마다 그와 동등한 이익의 씨앗을 발견하고 이를 발판으로 삼는 법을 배우면 당신도 성공의 광선에 올라탈 수 있다.

삶에서 부인할 수 없는 두 가지 중요한 사실이 있다. 하나는, 어떤 형태로든 좌절이 시시때때로 우리를 덮쳐 온다는 것이고 다른 하나는, 역경이 그와 동등한 이익의 씨앗을 가져온다는 것이다. 하지만 이는 보이지 않는 형태일 때가 많다.

이 두 가지 사실로 미루어 볼 때 창조주는 우리가 고난을 통해 힘과 지식과 지혜를 얻게끔 한다는 것을 어렵지 않게 알 수 있다. 역경과 좌절은 우리로 하여금 지혜를 얻어 앞으로 나아가게 한다.

여전히 상처로 괴로워하는 동안에는 역경에서 동등한 잠재적 이익을 알아보기가 어려울 때가 많다. 그러나 가장 위대한 치유자인 시간은 결국 그러한 이익의 씨앗을 진심으로 믿고 찾아 나서는 사람에게 그 모습을 드러낸다.

PART 4

당신은 반드시
부자가 될 것이다

두려움을 응시하는 힘

두려움은 성공의 가장 큰 장애물이다.

사람들은 쉽게 두려움이 의사결정과 행동을 지배하도록 내 버려둔다. 오직 안전만을 갈망하기 때문이다.

진정으로 성공한 사람은 이런 식으로 생각하지 않는다. 그들 에게는 창의성과 생산성이 판단 기준이다. 드와이트 아이젠하 워Dwight Eisenhower 대통령은 이렇게 말했다. "삶에서 원하는 게 오 로지 안전뿐이라면 감옥만큼 안전한 곳은 없습니다." 성공한 사람은 위험을 감수하는 것이 타당하다고 생각되면 기꺼이 위험을 감수한다.

누구나 두려움에 시달린다. 그러나 두려움이란 과연 무엇인가? 이는 스스로에게 위험을 경고함으로써 목숨을 보전하려는 감정이다. 따라서 두려움이 경고음을 내보내는 것은 오히려 다행일 수 있다. 의사결정을 내리거나 행동에 나서기 전에 잠시 멈춰 서서 상황을 엄밀히 살펴보게 해주기 때문이다.

그러나 두려움이 우리를 통제하게 둘 게 아니라 우리가 두려움을 통제해야 한다. 일단 두려움이 경고 신호로서 그 목적을 달성하고 나면 행동 방침을 정하는 논리적 추론에 관여하게 두어서는 안 된다.

대공황 당시 "두려움 자체 말고는 두려워할 것이 없다"는 프랭클린 루스벨트의 유명한 말은 그 당시뿐만 아니라 지금도, 그리고 언제든지 유효하다.

두려움을 어떻게 극복할 수 있을까? 두려움을 똑바로 응시하고 의식적으로 "나는 두렵지 않다"고 말해보자. 그런 다음 자문해야 한다. "무엇이?" 그 질문에 답하기 위해서는 직면하고 있는 상황을 분석해야 한다. 이성을 통해 두려움이라는 감정적 장애 요소를 대면해 나가는 것이다.

다음 단계로 다각도로 문제를 고려한다. 위험 요소는 무엇인가? 기대되는 보상이 그러한 위험을 감수할 가치가 있는가? 다른 가능한 행동 방침은 무엇인가? 어떤 문제가 발생할 가능성이 있는가? 모든 필요한 데이터와 통계, 사실들을 확보했는가? 이와 비슷한 상황에서 다른 사람들은 어떻게 했으며 그 결과는 어떠했는가?

면밀히 검토했으면 행동에 나서라. 지금 바로! 미루는 습관은 의구심과 두려움만 더 키울 뿐이다.

한 저명한 심리학자는 밤에 홀로 소음을 듣는다고 상상해보면 두려움을 금방 가라앉힐 수 있다고 말했다. 그저 발을 바닥에 내려놓기만 하면 된다는 것이다. 그렇게 함으로써 두려움을 극복하기 위한 긍정적인 행동의 첫걸음을 내딛게 된다. 성공을 추구하는 사람도 마찬가지로 목표를 향해 첫발을 내디디며 스스로의 두려움을 통제해야 한다.

아무도 인생의 길을 혼자 가지 않는다는 사실을 기억하라. 우리에게 가장 위안이 되고 가장 진실되며 확신을 주는 말씀이 성경에 기록되어 있다. "두려워 말라 내가 너와 함께 함이니라."

이 말에 대한 믿음이 어떤 상황에서도 대처할 수 있는 영적인 힘을 줄 것이다.

41

한 걸음만 더 나아가라

영국의 위대한 총리였던 벤자민 디즈레일리_{Benjamin Disraeli}는 명확한 목표를 이루려는 의지력 하나로 그와 같은 높은 지위를 얻었다.

그는 작가로서 사회생활을 시작했으나 크게 성공하지는 못했다. 10여 권을 책을 냈지만 대중에게 큰 반향을 불러일으킨 책은 한 권도 없었다. 작가로서 실패하자 그는 이러한 패배를 다른 분야에서 더욱 노력하기 위한 발판으로 삼았다. 이렇게 해서 그는 정계에 진출했고 광대한 대영제국의 총리가 되겠다고 마음을 굳게 먹었다.

1837년 그는 메이드스톤에서 출마해 의원에 당선됐으나 그의 의회 첫 연설은 실패한 것이나 다름없었다. 또다시 그는 실패를 더 노력하기 위한 도전으로 받아들였다. 포기를 모른 채 계속 싸워나가던 그는 1858년 하원 원내총무가 되었고 이후 재무장관 자리에까지 올랐다. 1868년 그는 마침내 총리가 되면서 자신의 명확한 목표를 이루었다.

그런데 그가 제시한 정책들이 극렬한 반대에 부딪혔고(시련의 시간이 기다리고 있었다), 이는 그의 사임으로 이어졌다. 그러나 그는 이 일시적인 패배를 실패로 받아들이지 않고 재기를 꾀하였고, 결국 두 번째로 총리에 당선됐다. 이후 그는 대영제국을 일으켜 세우며 수많은 분야로 자신의 영향력을 확대해나갔다.

힘겨운 상황에 맞닥뜨렸을 때 디즈레일리는 의지력을 최대한으로 발휘했다. 덕분에 그는 일시적인 패배라는 긴급한 사태를 견뎌내며 승리를 거머쥘 수 있었다. 그는 자신의 성취를 이렇게 한 문장으로 요약했다. "성공의 비결은 한결 같은 목표다!"

상황이 힘들어지면 포기해 버리는 사람들이 너무 많다. 하지만 **단 한 걸음만 더 나아갔더라면** 승리에 도달할 수 있는 경우 역시 너무나 많다. 슬픔과 좌절을 극복하는 무적의 규칙이 있다. 바로 명확한 계획을 통해 그러한 정서적 좌절감을 변형시키는 것이다. 이보다 나은 규칙은 없다.

통제력과 자기 훈련에 따라 사고 습관이 결정된다. 사고 습관은 당신이 완벽한 통제권을 가지고 다스릴 수 있는 유일한 것이다. 이러한 특권에는 무거운 책임이 따르는데, 이는 그 무엇보다도 당신이 인생에서 차지하게 될 지위를 결정하기 때문이다. 이러한 특권을 등한시하며 명확한 목표 달성에 도움이 되는 습관을 스스로 만들어내지 못하면, 당신이 통제할 수 없는 상황이 사고 습관을 대신 만들어낸다. 그렇게 만들어진 습관은 대체로 형편없는 경우가 많다.

당신에게 적합한 사고 습관을 만들면 당신의 능력 범위 내에서 어떤 목표든 이룰 수 있다. 그렇게 하지 않으면 통제할 수 없는 환경이 만든 사고 습관이 당신의 인생을 가차 없이 실패의 나락으로 끌고 갈 것이다.

의지력을 최대로 발휘하고 인생을 온전히 당신의 통제 하에 두어라. 당신의 마음은 당신의 바람을 실행하는 하인이다. 그 누구도 당신의 동의와 협력 없이는 마음에 들어오거나 털끝만

큼도 영향을 줄 수 없다. 마음의 힘을 활용해 필요한 일을 하라.

자기 훈련을 통해 자신의 인생을 주도하게 되면 몸과 마음의 자유, 독립 및 경제적 안정을 얻게 된다. 다른 방식으로는 이 보편적인 욕망을 결코 보장할 수 없다.

당신의 현재 위치와 당신이 어떤 사람인가는 당신의 사고 습관이 낳은 결과다!

자녀를 성공으로 이끄는 지혜

요즘 비행 청소년과 젊은이들의 의식 문제에 관해 말들이 많다. 한 문제아가 어떻게 제대로 된 목표를 향해 나아갈 수 있었는지에 대한 이야기가 있다. 내가 바로 그 이야기의 주인공이다.

내 아버지는 아주 종교적인 사람이었다. 두 형제 중 맏이였던 나는 나를 '개조'하려는 아버지의 모든 노력에 반항심을 갖고 있었다. 어머니는 수년 전에 이미 돌아가셨다.

당시 우리 가족은 버지니아주 남서부 산악지방에 살았는데 총을 좋아했던 나는 고목나무에 권총 몇 자루를 숨겨 놓았다.

그러나 이웃들의 항의에 아버지는 권총을 찾아내 커다란 망치로 박살내버렸다.

나는 컨트리 음악을 좋아해서 몰래 밴조를 연주했다. 밴조를 연주하는 것도 아버지가 믿는 종교적 가르침에 반하는 것이었다. 아버지는 내가 숨긴 밴조를 샅샅이 뒤져 찾아내 망가뜨리고 말았다.

춤을 추는 것도 금지였다. 그러나 때때로 나는 아버지가 잠들면 말을 '빌려'서 마을에서 춤을 추다 오곤 했다.

이런 일들 때문에 나는 걸핏하면 헛간에 끌려가 된통 혼쭐이 나곤 했다. 그러나 이러한 공포의 시간이 다가올 때마다 오히려 더 자주 규칙을 어겨야겠다는 마음만 강해졌다. 나는 사회의 모든 규범에 대항하는 완벽한 반항아의 길을 걷고 있었다.

나를 구원한 것은 아버지의 재혼이었다. 아버지가 우리 산장으로 데려온 새어머니는 멋지고 친절하면서도 이해심 많은 분이었다. 그녀는 나에게 새 밴조를 사주고 심지어 더 잘 연주할 수 있게 도와주기까지 했다. 또 반짝이는 니켈 도금이 된 사격용 권총 두 자루를 하나는 자신을 위해 다른 하나는 나를 위해 구입했다. 함께 즐거운 시간을 보내면서 새어머니는 나에게 이웃의 닭과 소를 겨냥하는 대신 안전한 표적을 쏘는 법을 가르처 주었다.

내가 하고 싶어 하는 것을 도와줌으로써 나의 신뢰와 사랑을 얻은 새어머니는 나의 에너지를 더 좋은 목표로 향하도록 이끌었다. 그녀는 중고 타자기를 구해주고는 내 생각을 글로 표현하는 법을 가르치기 시작했다. 새어머니의 도움으로 나는 마침내 작은 신문사 몇 곳에서 시골 마을 기자 자리를 따냈다. 지금 생각하면 그때가 내 인생에서 가장 결정적인 순간이었다. 이 훌륭한 여인에게 내가 감사한 마음을 가지는 것은 당연한 일이다.

이러한 경험들이 있는 나로서는 비행 청소년 문제를 들을 때마다 그들의 편을 들게 된다.

물론 모든 탈선의 원인이 같지는 않다. 그러나 지나치게 가혹한 규칙을 적용했기 때문에 나온 결과라는 의심을 지울 수 없을 때가 많다. 그리고 젊은이들을 곤경에 빠트리는 무한한 에너지를 엄청난 성공으로 손쉽게 유도할 수 있다는 사실을 모르는 부모들이 많은 것 같아 안타깝다. 무기력하고 게을러서 모험심이 없는 사람은 위대한 일을 성취하지 못한다. 인류 문명사에서 높은 자리를 차지한 인물들은 대부분 '문제아'들이었다. 이들은 새로운 길을 개척하기 위해 관습에 저항하고, 추종자들을 무기력에서 벗어나게 하는 것을 두려워하지 않은 자유로운 영혼의 소유자들이었던 것이다.

당신의 자녀가 그처럼 용기 있고 에너지가 넘치는 사람이라면 기쁘게 받아들여라. 자녀가 그런 강한 성격을 성공적인 인생으로 이끄는 법을 배우도록 도와줘라. 뭐든 해보려는 자녀의 의지를 칭찬하라. 자녀가 잘못된 길로 들어섰을 때 실수를 통해 배우는 법을 보여줘라. 특히 꾸짖는 것보다 칭찬을 더 많이 해줘라. 다른 사람들의 기대에 부응하기 위해 노력하는 것이 인간의 본성이기 때문이다.

43

슬픔을 승리의 씨앗으로 사용하라

살다 보면 슬프고 비통할 때가 있다. 누구도 이를 피할 수 없다. 이러한 사실을 깨달으면 불운이 찾아오더라도 유연하게 대응하고 빠르게 회복할 수 있다.

슬픔은 정신적인 면에서 매우 유용할 수 있다. 슬픔을 통해 쓸모없는 오래된 습관과 사고 패턴에서 벗어날 수 있으며, 슬픔은 겸손한 마음을 심어주기도 한다. 또한 영혼과 마음을 치유하며, 내면의 엄청난 정신력을 가로막고 있던 수많은 장벽을 허물어뜨린다.

고대 그리스인들은 비극의 재현이 관객의 영혼을 정화시키는 효과를 낸다는 사실을 완벽히 이해하고 있었다.

강인한 성격은 가열과 냉각을 반복해 얻은 훌륭한 강철과 같다. 역경을 만났을 때 부러지지 않고 오히려 더욱 단단하게 단련되는 것이다. 무한 지성이 우리에게 그 모습을 드러내는 것은 깊은 슬픔에 빠져 있을 때다. 기도는 긍정적인 마음과 위안을 가져다주는 가장 효과적인 방법이다. 비참함이 뼈에 사무칠 때 우리는 비로소 평소의 행복이 얼마나 행복한지를 깨달을 수 있다.

슬픔은 삶의 방식을 바꾸는 건설적인 행동으로 변형될 때 선을 위한 강력한 힘이 될 수 있다. 슬픔을 통해 죄를 지은 사람이 선한 사람이 되고, 알코올 중독자는 삶을 바로잡고, 허영심이 강한 사람은 겸손해야 한다는 것을 배운다. 사랑하는 사람을 잃거나 슬픔과 비통함에 힘들었던 사람들은 비슷한 상황에 처해 있는 다른 사람을 돕기 위해 나설 때가 많다.

창조주는 우리에게 슬퍼할 줄 아는 능력을 주심으로써 우리가 우리의 우월함을 절제하며 사용하여 인류의 지성을 끌어올리도록 했다. 멍청하거나 짐승 같거나 가학성이 있거나 범죄를 저지르는 비정상적인 사람은 위대한 지성을 갖고 있을지는 몰라도 슬픔을 느끼는 능력은 없다.

슬픔을 감당할 수 있는 능력이 있다면 잠재적인 위대한 천재성을 갖고 있을지도 모른다. 슬픔을 자기 연민의 수단이 아닌 자기 훈련의 원천으로 기꺼이 받아들인다면 말이다.

위대한 예술 작품과 과학적 결실 중 일부는 그 창작자가 겪은 비통함의 순간에서 비롯되었다. 개인적으로도 비통함은 성장의 계기가 된다. 고난과 역경 또한 화합의 계기가 되어, 서로 돕고 단결하는 정신을 새롭게 다지게 해준다. 제2차 세계대전 당시 영국과의 유대나 국가 위기의 시기에 애국심을 발휘한 미국인이 그런 경우다.

우리는 깊은 슬픔에 빠져 있을 때 일상생활에서 흔히 겪는 시련을 극복할 용기와 믿음의 힘을 발견하게 될 것이다. 자신보다 더 깊은 슬픔에 빠진 사람을 의식적으로 찾아 나서면 자기 연민의 덫에서 빠져나올 수 있다. 그가 의연히 슬픔에 맞서 극복하도록 도움으로써 당신 자신의 슬픔이 타인에 대한 따뜻한 사랑 안에서 녹아버린 것을 발견할 것이다.

슬픔은 역경과 좌절처럼 그와 동등한 기쁨의 씨앗을 함께 가지고 온다. 그 씨앗을 찾아내라. 그리고 슬픔이 승리로 자라날 수 있도록 이를 키워라.

44

지금 당장 거울 속 자신을 보라

어느 날 아침 비서가 내 사무실 안으로 들어오더니 한 노숙자가 나를 급히 만나야 한다며 밖에서 기다리고 있다고 알려주었다. 처음에 나는 샌드위치와 커피 한 잔 값을 들려 보내 시간을 아끼려고 했으나 마음이 바뀌어 그를 안으로 들였다.

나는 그처럼 황폐해 보이는 사람은 본 적이 없었다. 수염을 일주일 동안은 안 깎은 듯했고, 누더기 속에서 골라내기라도 한 듯한 꾸깃꾸깃한 옷을 입고 있었다.

"내 모습을 보고 놀라시는 게 당연합니다." 그가 말을 꺼냈다. "그렇지만 저를 완전히 오해하시는 것 같군요. 저는 구걸하려고 온 게 아닙니다. 제가 제 인생을 구할 수 있도록 도와달라고 부탁드리러 온 겁니다. 일 년 전 아내와 별거하면서 문제가 시작되었고 우리는 결국 이혼했습니다. 그러다 모든 것이 어긋나기 시작했습니다. 사업도 망하고 이제 건강도 잃어가고 있습니다. 죽으려고 강에 막 뛰어들려는데 한 경관이 저를 멈춰 세우더니 선생님을 찾아가는 게 어떻겠느냐고 제안하여 이렇게 오게 됐습니다. 그는 저에게 선생님을 찾아가든가 감옥에 가든가 둘 중 하나를 선택하라고 하더군요. 그는 지금 제가 약속을 지키는지 보려고 밖에서 기다리고 있습니다."

말투와 사용하는 단어로 보아 그 남자는 상당히 교육을 받은 사람이 분명했다. 질문을 하다 보니 그가 시카고에서 유명 레스토랑을 운영했었다는 사실을 알게 됐다. 그러다 문득 그 레스토랑이 몇 달 전 법원경매에 넘어갔다는 뉴스를 봤던 게 생각났다.

나는 그가 이틀 동안 아무것도 먹지 못하였다 하여 비서를 시켜 아침 식사를 차려주게 했다. 식사가 준비되는 동안 나는 그의 인생 전체에 대해 듣게 됐다. 그는 모든 게 자기 탓이라고 했다. 이는 그에게 승산이 있다는 징조였고, 거기서 나는 그를 어떻게 도울지 힌트를 얻었다. 그가 식사를 마치자 나는 말을 꺼냈다.

"이보게. 자네 이야기를 주의 깊게 듣고 감명을 받았네. 책임을 회피하려고 핑계를 대지 않은 게 특히 인상적이었지. 이혼의 책임을 헤어진 아내에게 돌리지도 않았고 말이야. 예의를 갖춰 전처에 대한 이야기를 하는 것도 칭찬하고 싶네."

그때쯤 그 남자는 점점 기운을 차리고 있었다. 내 행동 계획을 알려야 할 때가 다가왔고, 나는 그가 스스로 그것을 얻어내도록 하고 싶었다.

"도움을 바라고 나를 찾아왔는데, 당신의 이야기를 듣고 나니 내가 도울 일이 하나도 없는 것 같네!" 내가 말했다.

"그렇지만 당신을 도울 만한 사람을 알고 있지. 그가 그럴 뜻이 있다면 말이야. 그는 지금 이 건물에 있네. 원한다면 그를 소개해주지."

그런 다음 나는 그의 팔을 잡고 그를 내 사무실 옆에 붙어 있는 개인 서재로 데리고 갔다. 나는 그에게 길게 드리워진 커튼 앞에 서라고 한 다음 커튼을 옆으로 젖혔다. 그는 전신 거울에서 자신의 모습을 보았다.

나는 거울 속 남자를 가리키며 말했다. "저기 당신을 도울 수 있는 사람이 있군. 그는 당신을 도울 수 있는 유일한 사람이네.

그 사람을 더 잘 알고 그에게 의지하는 법을 배우기 전까지는 지금의 이 불운에서 벗어날 길을 찾기 어려울 걸세."

그는 거울 앞으로 다가가더니 수염이 까칠하게 자란 얼굴을 문지르며 자기 자신의 모습을 유심히 살펴보고는 내 쪽으로 돌아서서 말했다. "무슨 말씀인지 알겠습니다. 제 나약함을 받아주지 않으셔서 정말 감사합니다."

그러고는 고개 숙여 인사를 하며 나갔고 나는 2년 가까이 그를 보거나 그로부터 연락을 받지 못했다. 그러던 어느 날 그가 완전히 달라진 모습으로 나타났다. 처음에 나는 그를 알아보지 못했다.

그는 옷부터 제대로 갖춰 입기 위해 구세군의 도움을 받았다고 한다. 이후 그는 예전에 운영하던 곳과 비슷한 레스토랑에 취직해 웨이터장으로 일했다. 그런데 거기서 우연히 예전 친구를 만났고, 그의 이야기를 들은 친구가 그에게 돈을 빌려주어 그 레스토랑을 사들였다.

이제 그는 시카고에서 잘나가는 레스토랑을 소유하고 있으며 경제적으로도 부유해졌다. 그러나 무엇보다도 그는 자기 마음의 힘을 발견하고, 그 힘을 바탕으로 무한 지성과 소통한다는 사실에 더 큰 충만함을 느끼게 되었다.

그는 당신에게 상처를 줄 수 없다

내가 아는 모든 위대한 사람들 가운데 토머스 에디슨만큼 흥미로운 인물도 없다. 그는 정규 교육을 받지 못했음에도 과학 분야에서 최고의 성취를 이룬 사람이다.

에디슨은 단연코 내가 아는 가장 침착한 사람이었다. 그는 좌절할 줄 몰랐으며 그에겐 두려움도 없었다. 그는 그 어떤 상황도 어떤 사람도 원망하지 않았다. 잘난 척하며 거드름을 피우지도 않았다. 그가 진정 위대한 사람이었던 이유는 바로 이러한 겸손한 마음 때문이었다.

그가 백열전구를 완성하기 위해 만 번가량 실험에 실패한데 대해 이야기하던 중에 나는 그에게 물었다. "끝내 그 비결을 발견하지 못했다면 뭘 하셨을 것 같은가요?"

그는 눈을 반짝이며 대답했다. "당신과 이야기를 나누느라 시간을 낭비하는 대신 지금도 실험실에서 연구 중이겠지요."

에디슨에게 실패란 존재하지 않는 말이었다. 나는 평범한 사람이 실패를 했을 때 포기하지 않고 이를 극복할 수 있는 경우가 얼마나 될까 궁금해서 실패에 직면한 이들의 지구력을 확인하는 설문조사를 한 적이 있었다.

설문조사에 응한 사람들의 대다수는 한 번의 좌절에도 포기하고 말았다. 아주 극소수의 사람들만이 또다시 시도에 나섰다. 그러나 거의 대부분은 좌절에 부딪히기도 전에 그만둬버렸다. 실패가 예상된다는 이유만으로 제대로 시작해보지도 않고 그만둔 것이다. 당연히 그들은 포드나 에디슨 같은 사람이 되지 못했다.

나는 직업적으로 성공한 사람들과 그렇지 않은 사람들에 관한 가장 중요한 두 가지 사실을 발견했다. 성공한 사람들은 원하는 목표를 아직 달성하지 않은 미래 시제로 말하는 습관이 있었다. 실패한 사람들은 좌절과 실망을 과거 시제로 말했다.

성공과 실패에 관해 내가 알게 된 또 다른 특징이 있다. 성공한 사람은 대체로 성공을 이루어가는 다른 사람들을 칭찬한다.

시기와 복수심은 매우 추악한 말이다. 이런 감정에 빠져 사는 사람의 성품은 더욱 추악하다. 마음의 평화를 누리고자 한다면 이런 감정에 마음의 문을 굳게 닫아야 한다.

불안과 두려움, 분노, 고통, 시기심, 탐욕, 대가 없이 얻으려는 욕망을 불러일으키는 것에는 무엇이든 마음의 문을 닫아야 한다. 그 문을 닫지 못하면 당신이 추구하는 마음의 평화를 잃고 말 것이다.

누군가에게 상처를 받았다면 당신의 내면에 위대한 성취를 이룰 자질이 있는지를 알아볼 기회를 맞이한 것이다. 그러한 잠재력이 있다면 당신은 그 일을 용서하고 문을 닫아걸 것이다. 반면에 위대한 성취를 이룰 기반을 갖추지 못했다면 당신에게 상처를 준 사람에게 반격할 방법을 찾을 것이다.

어떤 식으로든 복수심을 표출하는 사람은 진정으로 불운한 사람이다. 복수는 부메랑과 같아서 부메랑을 던진 사람을 상처 입히기 위해 돌아올 때가 많기 때문이다.

분노나 상처에 마음의 문을 닫고 그것을 잊어라. 당신의 적극적인 협력 없이는 그 어떤 방식으로도 당신을 화나게 하거나 감정에 상처를 입힐 수 있는 사람은 없다는 것을 기억하라.

당신의 마음 상태는 당신만이 온전히 통제할 수 있다. 그리고 이 문 닫기 개념에 익숙해지고 나면, 자기 마음의 주인이 되어 원하는 목표를 달성하기 위해 마음을 훈련하기가 얼마나 쉬운지를 깨닫고 놀랄지도 모른다. 타인의 행동이나 자신을 화나게 하는 수많은 상황을 통제할 수는 없지만, 이러한 행동과 상황에 대한 자신의 반응을 통제할 수는 있다.

당신의 마음은 오로지 당신만의 것이다. 당신의 삶에 영향을 주는 모든 상황에 어떤 반응을 보일지는 당신만이 결정할 수 있다. 마음의 문을 닫는 법을 배우고, 마음의 평화와 번영을 누리고 싶다면 부정적인 반응을 차단하는 법을 배워라.

자기 안의 무한한 힘을 사용하라

어떠한 사회적 계급, 극복할 수 없는 장애물, 해결할 수 없는 문제에도 굴하지 않는 내면의 힘이 존재한다. 부자와 힘 있는 사람뿐만 아니라 가난하고 보잘것없는 사람도 이러한 힘을 이용할 수 있다. 이는 정확히 사고하는 사람이라면 누구나 가지고 있는 힘이다. 당신 자신을 제외한 그 누구도 당신을 대신해 이 힘을 쓸 수는 없다.

어떤 이상한 두려움이 마음을 사로잡아 위대한 성취로 안내하는 비밀의 힘에 다가가지 못하게 방해하는가? 왜 대다수의 사람들은 마음의 비밀스러운 힘을 사용하지 못하고 부정적이고 반복적인 암시에 굴복해버리는 것일까?

천재성에 이르는 모든 방법은 기록되어 왔다. 이는 미국적 생활방식에 기여한 모든 위대한 리더들이 간 바로 그 길이기도 하다.

프랭크 건솔러스Frank Gunsaulus는 내면에서 비롯되는 비밀의 힘을 활용하는 법을 알았다. 젊은 목회자였던 건솔러스는 새로운 형태의 대학을 오래도록 꿈꾸어 왔다. 그는 자신이 원하는 바를 정확히 알았으나 문제는 이를 이루기 위해서는 백만 달러의 현금이 필요했다.

그는 백만 달러를 구하기로 마음먹었다. 명확한 목표와 굳은 결의로 그는 계획의 첫 단계를 구상했다. 그는 '백만 달러로 나는 무엇을 할 것인가'라는 제목으로 설교를 작성했다. 그런 다음 시카고 일간지에 돌아오는 주일 아침에 그 주제로 설교할 것이라고 발표했다.

설교가 끝날 무렵 한 번도 본 적 없는 낯선 남자가 설교단으로 다가오더니 말했다. "설교 내용이 무척 좋더군요. 제 사무실에 오시면 필요한 백만 달러를 드리겠습니다." 그 사람은 바로 아머 앤 컴퍼니Armour and Company의 창립자인 필립 아머Philip Armour

였다.

이것이 해당 사건의 요지인데, 이런 일이 가능했던 것은 실행하는 믿음의 힘 덕분이었다. 수동적인 믿음이 아니라 행동으로 뒷받침되는 믿음 말이다.

올바로 받아들인 믿음은 항상 능동적일 수밖에 없다. 수동적인 믿음은 멈춰 있는 발전기처럼 힘이 없다. 전력을 만들어내려면 기계가 돌아가야 한다. 능동적인 믿음은 두려워하지 않으며 스스로 정한 한계도 없다. 나약하기 짝이 없는 인간일지라도 믿음으로 단단해지면 재난이나 실패, 두려움을 물리칠 수 있는 강력한 존재가 된다.

위급한 순간이 닥치면 믿음과 두려움의 두 갈래 길에서 선택해야만 하는 때가 종종 찾아온다. 대다수가 두려움을 선택하게 만드는 원인은 무엇일까? 선택은 각자의 마음가짐에 달려 있으며 창조주는 우리에게 각자 자신의 운명을 다스리는 힘을 주었다.

믿음의 길을 선택한 사람들은 마음이 믿음을 가지도록 훈련해왔다. 이들은 한 번에 조금씩 일상의 작은 일에서부터 신속하고 용기 있게 결정을 내림으로써 마음을 훈련해온 것이다. 두려움의 길을 선택한 사람들은 긍정적인 마음가짐을 갖는 훈련을 소홀히 했기 때문이다.

내면의 비밀스러운 힘을 발견할 때까지 계속 찾아라. 그 힘을 발견하면 진정한 자아, 삶의 모든 경험을 활용하는 또 다른 자아를 발견하게 될 것이다. 그러면 더 나은 제품을 만들든, 더 나은 책을 쓰든, 더 나은 설교를 하든 간에, 세상 사람들은 당신을 만나기 위해 몰려와 당신의 가치를 인정하고 보상을 줄 것이다. 당신이 누구든, 과거 실패의 본질과 범위가 무엇이든 상관없이 성공은 당신의 것이 될 것이다.

감사는 가장 좋은 투자이다

성공한 많은 사람들은 자수성가했다고 말한다. 그러나 누군가의 도움 없이 그처럼 정상에 올라갈 수는 없는 법이다. 성공을 위한 명확한 목표를 세우고 이를 달성하기 위한 첫 단계를 밟고 나면 예상치 못한 곳에서 도움을 받게 된다. 다른 사람들과 전능한 존재로부터 도움을 받는 것에 대해 감사하는 마음을 가져야 한다.

감사는 아름다운 말이다. 이는 본질적으로 매우 영적인 마음의 상태를 나타내는 말이기 때문이다. 감사는 사람을 끌어당기는 매력적인 성격을 더욱 돋보이게 해줄 뿐만 아니라 무한 지성의 놀라운 힘과 매력의 세계를 열어주는 마스터키이기도 하다. 호감 가는 성격의 다른 특징과 마찬가지로 감사는 습관의 문제일 뿐이지만 이는 마음 상태를 나타내는 것이기도 하다. 진심으로 감사의 마음이 우러나서 표현하는 경우가 아니라면 공허한 빈말처럼 들릴 것이며, 거짓되게 느껴질 것이다.

감사와 정중함은 아주 흡사하다. 의식적으로 감사의 마음을 갖기 위해 노력하다 보면 더 예의 바르고 품위 있으면서 정중한 태도를 갖추게 된다.

하루에 단 몇 분이라도 당신이 누리는 것들에 감사하는 시간을 가져라. 상황이나 사건이 지금과 달랐을지 모른다고 생각해보라. 아무리 현재 상황이 나빠도 훨씬 더 나빠질 수 있음을 알게 될 것이며, 그렇지 않은 데에 대해 감사한 마음이 들 것이다.

매일 "감사합니다"라거나 "고맙습니다"라는 말을 습관처럼 해야 한다. 잘 생각해보라. 꼭 물질적인 선물일 필요는 없다. 감사함을 표현할 참신한 방법을 찾도록 노력하라. 당신이 감사를 표하는 데 들인 이 시간과 노력은 반드시 보답의 형태로 돌아올 것이다.

창의적으로 감사를 표하라. 그 감사 표시가 당신에게 도움이 되게 하라. 예를 들어, 당신이 지금하고 있는 일을 얼마나 좋아하는지, 그 일로 얻은 기회를 얼마나 감사하게 여기는지와 같은 내용의 메모를 상사에게 써본 적이 있는가? 그러한 표현은 놀랄 만큼 효과적이어서 상사는 당신에게 관심을 쏟게 될 것이며 급여를 인상해줄 수도 있다. 진부하게 들릴지 모르지만 감사는 전염성이 있다. 상사는 갑자기 당신에게 비상한 관심을 보이면서 당신이 제공하는 서비스에 구체적으로 감사를 표현할 방법을 찾을지도 모른다.

가장 가까운 이들에게 감사하는 것도 잊지 말자. 배우자, 친척, 매일 어울리는 사람들, 소홀해지기 쉬운 사람들에게도 감사를 표하자. 당신은 아마 생각보다 이들에게 많은 것을 빚지고 있을 것이다.

입 밖으로 꺼내어 표현할 때 감사는 새로운 삶과 힘, 새로운 의미를 갖게 된다. 자신을 믿어주는 데 대해 당신이 고마워한다는 것을 아마 가족은 알고 있을 것이다. 그래도 고맙다고 말로 표현하라. 자주! 집안에 새로운 기운이 넘치게 될 것이다.

언제나 감사할 대상이 있음을 기억하라. 잠재 고객이 세일즈맨의 제안을 거절했더라도 이야기를 듣느라 시간을 내준 것에 대해 감사해야 한다. 그럴 경우 다음번에는 제품을 구매할 가능성이 훨씬 높아질 것이다.

감사는 돈이 들지 않는, 미래를 위한 큰 투자임에 틀림없다.

마음의 평화를 얻는 첫걸음

당신이 먹는 음식에 몸이 반응하듯이, 당신의 마음은 당신이 주는 자극에 반응해 건강해지기도 하고 병이 들기도 한다. 일상의 경험들 중에는 정신 건강에 이로운 것도 있고, 치명적인 독이 되기 전에 없애버려야 하는 것도 있다.

마음의 평화를 얻고 나면 마음은 행복에 도움이 되지 않는 모든 생각과 정신적 반응을 자동적으로 거부할 것이다. 그러나 이처럼 바람직한 마음 상태가 되기 전에, 부정적인 정신적 영향력을 적극적으로 떨쳐버림으로써 성격의 일부가 되지 않도록 하는 것이 먼저다. 그러기 위해서는 부정적인 생각을 긍정적인 생각으로 바꾸는 과정이 필요하다. 불쾌한 생각에서 벗어나 유쾌한 생각을 갖도록 마음을 훈련하기만 하면 된다.

오 헨리O. Henry는 범죄를 저질러 감옥에 갇히게 됐으나, 이 한 번의 범죄 행위로 인해 재능 있는 작가로 변신하여 문학사에서 불후의 명성을 남기게 되었다.

잭 런던Jack London은 인생 초반에 좌절을 겪었으나 자신의 경험을 소설로 형상화해 국민작가가 되었으며, 그가 쓴 글들은 오늘날에도 여전히 사랑받고 있다.

노르웨이 작가인 크누트 함순Knut Hamsun은 하는 일마다 실패를 거듭했다. 결국 자포자기한 그는 자신이 경험한 이야기를 《굶주림Slut》이라는 제목의 소설로 써냈다. 이 소설 덕분에 함순은 노벨 문학상을 수상할 수 있었고 전 세계 출판사로부터 러브콜을 받게 되었다. 그러자 당장 은퇴를 해도 충분할 만큼의 물질적인 부도 따라왔다.

좋든 나쁘든 인생의 경험은 그 자체로는 중요하지 않다. **그러한 경험에 어떻게 반응하느냐가 중요한 것이다.** 불쾌한 경험들에 대해 마음의 문을 닫음으로써 자기 자신뿐 아니라 전 세계에 엄청난 가치를 전달할 수 있다.

찰스 디킨스는 첫사랑에 실패했다. 그는 고층 빌딩에서 뛰어 내리거나 수면제를 과다 복용하는 대신 자신의 짝사랑을《데이비드 코퍼필드》라는 걸작으로 승화시켰고, 이는 그에게 최상의 영광과 부를 안겨주는 작가의 길을 열어주었다.

좌절과 실망, 패배, 실패를 어느 정도 겪은 후에야 진정한 자신의 길을 찾게 되는 경우가 종종 있다. 해리 트루먼Harry Truman이 양복점 경영에 실패했을 때 언젠가 미국 대통령이 될 것이란 말을 들었다면 꽤나 놀랐을 게 분명하다.

영원한 상실 같은 것은 없으며 모든 것을 잃더라도 그와 동등하거나 더 큰 가치가 그러한 상실을 대체한다는 사실을 알게 되는 것은 운이 좋은 일이다. 아마 처음 잃었던 것과는 상당히 다른 형태로 돌아오겠지만.

이른바 실패와 좌절이 대부분 알고 보면 좋은 결과를 가져다준다거나, 이런 불행이 인생의 행로를 바꾸는 것은 더 큰 기회와 행복, 인식으로 우리를 이끌기 위한 것임을 알게 되는 것역시 다행스러운 일이다.

위스콘신주에 사는 농부 밀로 존스Milo Jones(존스데어리팜Jones Dairy Farm 창립자)는 건강했을 때는 이런 생각에 수긍하기 어려웠다. 하지만 뇌졸중으로 쓰러지고 난 후 그를 백만장자로 이끈 마음의 힘을 깨닫고 나서는 달랐다. 그때 그에게 똑같이 말했다면 그는 당신의 말을 경청했을 것이다.

재난이 닥치고 나서야 사람들이 비로소 정신을 차린다는 건 이상하지 않은가? 어쩌면 창조주가 이런 식으로 계획한 것인지도 모른다. 그렇지 않고서야 설명할 길이 없다. 전 세계에서 매장량이 가장 풍부한 구리 광산을 발견한 것은 금을 찾아 거의 한 평생을 보낸 한 광산업자였다. 어느 날 채굴 장비를 비롯하여 세간을 모두 실어 나르던 그의 믿음직한 노새가 땅다람쥐 구멍에 빠지게 되었다. 광산업자는 불쌍한 노새를 위해 그 구멍을 파내려 애쓰다가 우연히 엄청난 구리 매장량을 발견한 것이었다.

어떤 식의 좌절이 당신을 덮쳐오든 그 좌절이 사실은 당신을 어려움에서 구해주기 위해 보이지 않는 친구가 말없이 한 일일 수도 있다는 것을 기억하라.

행복한 마을에 사는 사람

전 세계에서 가장 부유한 사람은 '행복한 마을'에 산다. 그는 영속적인 가치와 소중한 것들을 많이 갖고 있으며, 이러한 것들은 그에게 만족과 건강과 마음의 평화와 내면의 조화로움을 가져다준다.

다음은 그가 어떤 부를 갖고 있는지, 그리고 이를 어떻게 획득했는지에 대한 설명이다.

• 나는 다른 사람들이 행복을 찾게 도움으로써 나의 행복을 찾

았다.

- 나는 절제된 삶을 살면서, 그리고 내 몸이 건강을 유지하는 데 필요한 만큼의 음식만 먹음으로써 건강을 지켰다.

- 나는 미움도 시기도 없으며 인류를 사랑하고 존중한다.

- 나는 좋아서 하는 일을 하고 있으며 그와 함께 오락도 충분히 즐긴다. 따라서 절대 질리지 않는다.

- 나는 매일 기도한다. 더 많은 부를 원해서가 아니라, 더 많은 지혜를 통해 이미 얼마나 많은 것들을 갖고 있는지 인식하고 받아들이고 즐기기 위해서다.

- 나는 존중을 표하는 경우를 제외하고는 어떠한 이름도 거론하지 않으며 그 어떤 이유로도 남을 비방하지 않는다.

- 내가 누리는 것들을 다른 이들과 나누기 위해서가 아니라면 그 누구에게도 부탁하지 않는다.

- 나는 내 양심에 거리낌이 없기 때문에 모든 일을 정확히 양심에 따라서 한다.

- 나는 탐욕을 부리지 않고 살아 있는 동안 건설적으로 쓸 수 있는 것들만 원한다. 내가 누리는 것들을 나눔으로써 다른 이들을 도왔기 때문에 지금의 부를 이룬 것이다.

- 내가 소유한 '행복한 마을'은 실제 행정 구역이 아니다. 내 마

음속에만 존재하는 무형의 재산으로, 내 삶의 방식을 받아들이려는 사람을 제외하고는 그 누구도 세금을 매기기 위해 평가하거나 도용할 수 없다. 나는 평생을 노력한 끝에 자연의 법칙을 존중하고 그에 순응하는 습관을 형성함으로써 이러한 사유지를 만들었다.

'행복한 마을'에 사는 사람의 성공 신념에는 저작권이 없다. 성공 신념을 받아들이고 그에 따라 산다면 원하는 삶을 꾸려갈 수 있다. 이러한 신념은 당신에게 더 좋은 사람들과 친구가 되게 해주고 적대적인 사람의 마음을 누그러뜨릴 수 있다. 뿐만 아니라 당신의 사업, 직업, 소명에 더욱 발전을 가져다줄 수 있으며, 당신의 집을 온 가족이 진정한 즐거움을 누릴 수 있는 낙원으로 만들어 줄 것이다. 수명을 늘려주고 두려움과 불안에서 당신을 자유롭게 만들어 줄 수 있다.

무엇보다도 '행복한 마을'에 사는 사람의 신념은 당신의 모든 개인적인 문제가 생기기도 전에 이를 해결하기 위한 지혜를 가져다주고 마음의 평화와 만족을 줄 수 있다.

충분하다는 것은 무엇인가

마음의 평화를 누리기 위해서는 충분하다는 것이 무엇인지를 알아야 한다. 행복을 위해 필요한 모든 것을 더 많이도 말고 딱 필요한 정도로 얻는 법을 알아야 한다.

경제적으로 부유해지는 것과 행복을 가져다주는 삶의 풍요로움을 마음껏 누리는 것은 별개다. 영구적인 마음의 평화를 얻는 법을 얻지 못한다면 고차원적인 의미에서는 부자가 아닌 것이다.

돈만으로는 마음의 평화를 얻을 수 없을뿐더러, 돈은 오히려 불안과 고통, 두려움을 가져다주어 마음의 평화를 유지하기 어렵게 만든다. 돈은 축복도 저주도 될 수 있는데, 이는 얼마나 가졌느냐보다 어떻게 사용하느냐에 좌우된다.

자기 인생뿐 아니라 다른 사람들의 삶을 풍요롭게 하기 위해 돈을 사용할 때 엄청난 축복이 될 수 있다. 그러나 이기적인 목적으로만 돈을 사용한다면 저주가 된다. 돈의 노예가 되어 항상 필요 이상으로 더 많은 돈을 얻으려 애쓰기 때문이다.

회사를 세우고 고용을 창출하고 사람들이 원하는 제품을 만들어내는 돈은 이 돈을 소유하거나 관리하는 사람에게 언제나 즐거움이 되어야 한다. 일은 행복과 번영, 건강에 반드시 필요하기 때문이다. 그러나 일을 계속해 가려면 놀이, 사랑, 신앙 등 다른 것들도 필요하다. 이 네 가지가 균형을 이루어야 일상에서 각각을 고르게 누릴 수 있다.

일을 하나의 신앙처럼 여길 때 축복이 된다. 재능을 표현할 기회가 될뿐더러, 일을 통해 다른 사람들을 도움으로써 매일 보상받을 수 있기 때문이다. 마지못해 일을 하다 보면 건강이 나빠지고 고약한 성미가 드러날 수 있다.

명성, 권력, 돈에 대해 야망을 갖는 건 좋은 일이지만, 지나친 야망은 타락과 죽음으로 이어질 수 있다. 이타적인 야망은 다른 사람들에게 도움이 되고자 하는 진심 어린 바람에서 비롯되며, 원치 않는 상황을 좀처럼 만들어내지 않는 바람직한 자질이다. 이는 삶의 그 어떤 풍요로움도 앗아가지 않는다.

마하트마 간디는 이타적인 야망을 실천한 탁월한 예에 해당한다. 그는 인도 국민의 해방이라는 더 큰 목표를 위해 자신의 개인적인 욕망을 그 아래에 두었다. 간디의 명성과 평판이 잘 보여주듯이 이런 종류의 야망에는 위대하고도 영속적인 힘이 따라온다.

그러나 가치 있는 일이 흔히 그렇듯이 야망을 실천하는 데에도 적당한 수준이 필요하다. 야망이 너무 작으면 궁핍과 결핍을 벗어나기 어렵다. 출세욕에 불타 개인적 야망이 지나치면 이기심과 탐욕에 빠지고 마음의 평화는 영영 멀어진다.

우리는 우리가 누리는 삶과 쓰고 즐기는 것들을 일시적으로 책임지는 관리자에 불과하다. 기쁨과 즐거운 상황을 타인과 함께 나눌 때만 이러한 기쁨을 더할 수 있다.

황금률로 알려진 위대한 원칙에 말로만 동의할 뿐, 마음과 행동으로 이를 실천하는 사람은 극소수에 불과하다. 아주 드물게 선견지명이 있는 개인이 그 의미를 온전히 이해하고 자신의 사업이나 직업에 이를 활용하는 경우가 있으며, 그때 전 세계가 그에게 몰려가 돕겠다고 나선다.

헨리 포드는 자신의 원칙에 대해 이렇게 말했다.

"나 자신의 일부가 생산 라인을 떠나는 모든 자동차 안에 들어간달까요. 우리가 파는 자동차가 우리에게 얼마나 수익을 안겨줄지보다 그 구매자에게 제공할 수 있는 유용한 서비스에 대해 생각합니다."

포드는 지금까지 전 세계적으로 유명한 성공한 기업인이다. 그는 인생 초반에 이타적인 야망이 주는 가르침을 얻음으로써 마음의 평화를 누렸다.

인생의 여러 가지 문제를 겪고 이를 해결하는 일은 주변 환경과 어떻게 관계를 맺느냐에 따라 영원히 지속되는 시련이 될 수도, 크나큰 기쁨이 될 수도 있다. 계획에 따른 체계와 균형을 통해서만 마음의 평화를 얻을 수 있다.

일정 수준의 자기 훈련에 도달함으로써 두려움도 미움도 시기도 없이, 얻지 못한 것을 탐내지 않고 모든 경험을 자신에게 도움이 되도록 활용하게 될 때, 비로소 위대한 진실이 당신 앞에 모습을 드러낼 것이다. 그때 마음의 평화는 모든 가르침을 적절히 따름으로써 얻은 결과임을 알게 될 것이다.

성공을 위한 체크리스트

성공의 정점에 이르기 위한 원칙을 고수하고 있는지 확인하려면 비판적인 자기 분석을 자주 해야 한다. 당신을 가로막는 약점을 찾아내는 데 체크리스트가 도움이 될 수도 있다. 성공을 향해 가는 상상 속 인물과 자신을 비교해보라. 그를 메리 스미스라고 해보자. 그런 다음 견줄 만한지 보는 것이다.

메리는 인생의 명확한 목표를 세우고 정해진 시한 내에 이를 달성하기 위한 계획을 세웠다. 간단히 말해 그녀는 성공을 향한 가장 중요한 첫 발을 내디딘 것이다. 당신은 어떠한가?

메리는 좌절의 순간을 겪을 때마다 낙담하는 대신 그러한 상황을 이용해 좌절과 동등한 이익의 씨앗을 찾아 나선다.

메리는 열의와 열정을 가지고 하루하루를 살며, 그래서 즐겁게 일한다. 그녀는 다른 사람들에게 자기 문제를 털어놓지 않는 편이다. 성공은 성공이라는 바로 그 말 속에서 자라나는 것임을 알기 때문이다.

뿐만 아니라 그녀는 더 큰 성공은 개인보다는 집단을 통해 성취할 수 있다는 사실을 안다. 그녀는 자유롭게 생각을 주고받으며 재능 있는 사람들이 모여 만들어낸 에너지를 통해 원하는 목표에 도달할 수 있도록 협력하는 연합을 열심히 찾고 있다. 그녀는 끊임없이 한층 더 노력하며 기대 이상의 성과를 거두고 있다.

메리는 상황에 맞게 옷을 입고 수입을 예산에 맞게 관리하며 일정액을 떼어 저축하여 꼼꼼히 관리하면서 건강에도 신경 쓴다.

무엇보다도 메리는 항상 긍정적인 마음가짐을 유지한다. 그녀는 성공학의 첫 번째 원칙, 즉 '마음속으로 생각하고 믿는 것은 무엇이든지 해낼 수 있다'가 진리라고 확신하며, 승자도 패자도 없게 거래의 모든 당사자가 혜택을 받도록 한다. 그녀의 상사와 부하 직원들은 신속한 의사결정을 내리고 전적으로 책임지는 그녀를 존경한다.

메리는 의리 있는 사람이다. 당연하다고 생각되면 아부가 아닌 칭찬과 호평을 아끼지 않는다. 게다가 함께 있고 싶은 사람이다. 그녀는 유머 감각이 있고 사려 깊은 데다가 예의 바르다. 그녀는 절대 무례한 말을 하지 않으며 모든 이들을 자신과 동등한 사람으로 대한다.

메리는 더 나은 사람이 되기 위해 끊임없이 노력한다. 그녀는 좋은 책과 좋은 연극, 좋은 예술은 도서관이나 미술관, 극장에서 별 비용을 들이지 않고도 즐길 수 있다는 것을 안다. 무엇보다도, 그녀는 이런 시설들을 꾸준히 이용하고 있다.

메리는 믿을 만하고 신속하다. 자신이 한 말은 반드시 지킨다. 그녀는 신용 점수도 좋다. 너무 많은 빚은 성공의 사다리를 오르는 그녀를 다시 밑으로 끌어내리는 무거운 짐이라는 사실을 알고 있기 때문이다.

메리에 비해 당신은 어떠한가?

믿는 대로 행동하는 삶

간단히 말해 믿음은 곧 행동이다. 믿음의 행동이란 그 어떤 상황에서든 당신 자신과 다른 사람들에게, 얻을 수 있는 기회에, 또 신에게 자신의 신념을 실행에 옮기는 것과 같다.

더 가치 있는 목표일수록 이를 달성하기 위해 성공 원칙을 따르는 것이 쉽다. 가치 있고 바람직한 목표를 달성하는 데 열의와 헌신이 없기란 불가능하다.

내가 진실이라 생각하는 것이 아닌, 진실이라고 알고 있는 것을 말하는 것이다. 이러한 진실은 내가 꾸며낸 것이 아니다.

나는 오로지 수십 년간 일상의 면면에 다양한 모습으로 나타난 이러한 진실을 관찰했다고 이야기하는 것뿐이다.

이러한 성공 법칙의 타당성에 대한 확증을 요구한다면 나는 한 명의 증인을 내세우는 것 말고는 이를 제시할 방도가 없다. 그 증인은 바로 당신이다. 당신은 이러한 법칙을 스스로 시험하고 적용함으로써 타당성을 입증할 수 있을 것이다.

더 실질적이고 권위 있는 출처를 요구한다면, 나는 예수나 플라톤, 소크라테스, 에픽테토스Epictetus, 공자, 에머슨, 윌리엄 제임스, 휴고 뮌스터버그Hugo Mnsterberg 등의 가르침과 철학을 참고할 것을 권한다. 이들의 저작으로부터 나는 더욱 중요한 기본 원리들을 얻었다. 여기에 나 자신의 경험에서 얻은 내용을 모아 살을 붙였다.

일상생활 속에서 지속적으로 황금률을 실천하는 것이 바로 실행하는 믿음의 근본 원칙이다. 4,000년 넘게 인간은 황금률을 적합한 행동 규칙이라 설파해왔으나 안타깝게도 세상은 그 표현만 받아들이고 이 보편 명령의 정신은 완전히 놓쳐버렸다. 우리는 황금률을 단순히 건전한 윤리적 행동 규칙으로 받아들였으나 그 기반이 되는 법칙을 이해하지 못했다.

그 법칙은 바로 뿌린 대로 거둔다는 것이다. 타인과의 거래에서 지침이 될 행동 규칙을 선택할 때, 다른 사람들의 삶에서 (좋든 나쁘든) 순리대로 흘러가게 되어 있는 힘을 움직이게 하는 것이 바로 당신이라는 사실을 안다면 공정하게 행동해야 한다. 물론 그 힘은 본성에 따라 당신을 돕거나 방해하기 위해 결국 돌아오게 되겠지만.

다른 사람들을 부당하게 대우하는 것은 당신 마음이지만 황금률의 기본을 이해하고 있다면 당신의 부당한 대우가 자신에게 돌아올 것임을 알아야 한다. 그러한 법칙은 타인에 대한 당신의 부당하고 불친절한 행위가 당신에게 되돌아온다는 것만을 의미하지는 않는다. 거기서 더 나아가서 당신이 표출하는 모든 생각의 결과가 당신에게 돌아온다는 뜻이기도 하다.

따라서 "남에게 대접받고자 하는 대로 남을 대접"해야 할 뿐만 아니라 "남이 나를 생각해주길 바라는 대로 남을 생각"해야 한다. 그래야 이 위대한 보편 법칙의 이득을 충분히 활용할 수 있을 것이다.

당신의 성품은 당신의 생각과 행동의 총합이다. 그렇다면 스스로를 이롭게 하지 않으면서 남에게 도움이 되는 일을 하거나 친절을 베풀기란 불가능하다. 마찬가지로 파괴적인 행동이나 생각에 빠져 있다면 그만큼의 힘과 마음의 평화를 잃는 식으로 대가를 치르는 것이 당연하다.

당신은 사람을 끌어들이는 존재다. 당신은 자신과 어울리는 성품을 가진 사람들은 끌어들이는 반면, 그렇지 않은 사람들은 밀어낸다. 사려 깊고 친절하며 관대한 성공한 사람들을 끌어들이고 싶다면 당신부터 그런 사람이 되어야 한다. 선택은 온전히 당신의 몫이다.

NAPOLEON HILL'S
A YEAR OF
GROWING RICH

옮긴이 김현정

서울대에서 국문학과 불문학을 전공했고, 몬터레이국제대학원 통번역 석사과정을 졸업했다. 외교통상부 통상법무와 영문 에디터를 거쳐 정부 기관 및 기업에서 번역 업무를 맡았다. 현재는 출판번역 에이전시 유엔제이에서 영어 번역가로 활동하고 있다. 옮긴 책으로는《나폴레온 힐 당신은 반드시 성공할 것이다》,《타이탄의 지혜들》,《사람을 끌어당기는 피드백 대화법》,《구글 맵 혁명》,《미국, 제국의 연대기》등이 있다.

나폴레온 힐 당신은 반드시 부자가 될 것이다

1판 1쇄 발행 2024년 3월 18일

지은이 나폴레온 힐
옮긴이 김현정
발행인 오영진 김진갑
발행처 토네이도미디어그룹(주)

책임편집 박민희
기획편집 박수진 유인경 박은화
디자인팀 안윤민 김현주 강재준
마케팅 박시현 박준서 조성은 김수연
경영지원 이혜선

출판등록 2006년 1월 11일 제313-2006-15호
주소 서울시 마포구 월드컵북로5가길 12 서교빌딩 2층
원고 투고 및 독자 문의 midnightbookstore@naver.com
전화 02-332-3310 팩스 02-332-7741
블로그 blog.naver.com/midnightbookstore
페이스북 www.facebook.com/tornadobook
인스타그램 @tornadobooks

ISBN 979-11-5851-286-6 (03190)